经济新常态下
若干创业问题探索与研究

张明林 周荣华 等/著

XINCHANGTAI XINLUJING

JINGJIXINCHANGTAIXIA
RUOGANCHUANGYEWENTITANSUOYUYANJIU

经济管理出版社

图书在版编目（CIP）数据

经济新常态下若干创业问题探索与研究/张明林等著. —北京：经济管理出版社，2017.12
ISBN 978-7-5096-5538-2

Ⅰ.①经⋯　Ⅱ.①张⋯　Ⅲ.①创业—研究　Ⅳ.①F241.4

中国版本图书馆 CIP 数据核字（2017）第 301162 号

组稿编辑：丁慧敏
责任编辑：丁慧敏
责任印制：黄章平
责任校对：赵天宇

出版发行：经济管理出版社
　　　　　（北京市海淀区北蜂窝 8 号中雅大厦 A 座 11 层　100038）
网　　址：www. E-mp. com. cn
电　　话：（010）51915602
印　　刷：北京玺诚印务有限公司
经　　销：新华书店
开　　本：720mm×1000mm/16
印　　张：16.5
字　　数：255 千字
版　　次：2017 年 12 月第 1 版　2017 年 12 月第 1 次印刷
书　　号：ISBN 978-7-5096-5538-2
定　　价：59.00 元

·版权所有　翻印必究·
凡购本社图书，如有印装错误，由本社读者服务部负责调换。
联系地址：北京阜外月坛北小街 2 号
电话：（010）68022974　　邮编：100836

序

2014年11月9日习近平在亚太经合组织工商领导人峰会上首次系统阐述了"新常态"。经济新常态下，我国处于产业结构升级和调整的关键时期，创新创业在促进产业结构调整中发挥着举足轻重的作用，在推进"大众创业，万众创新"的进程中，创业环境也相应地发生了变化。

本书第一篇以外部投入（教育投入、技术投入、政府支持、资金支持）与创业成果产出角度为思考方向，建立了创业环境评价分析模型，提出了创业环境评价分析框架。运用熵权法和模糊评价法，评价经济新常态下江西省创业环境，并基于评价结果，提出了完善江西省创业环境的对策与建议。

经济新常态下，代际创业问题也是创业研究的重点。本书第二篇以"情景—认知—决策"为思路，以父辈具有创业经历的后代作为研究对象，引入后代创业认知这一中介变量，试图打开父辈创业情景对后代创业决策影响机理的"黑匣子"。

小微企业在促进就业、经济发展和社会稳定方面发挥着至关重要的作用。经济新常态下，提高小微企业创业成活率也是学者关注的问题。本书第三篇研究了社会资本和创业导向的各位维度对小微企业创业绩效的影响，同时将创业导向作为调节变量和中介变量，研究其在社会资本对小微企业创业绩效是否存在调节效应和中介效应。

互联网是大众创业、万众创新的新工具。"互联网+"创业也是目前社会关注热点。本书第四篇是案例篇，以VR艺培达人科技有限公司为例，分析了其在经济新常态下如何开展艺术教育。

目 录

第一篇 经济新常态下创业环境分析

第一章 创业环境的研究综述与经济新常态下创业环境的变化 …………… 003

　　第一节 创业环境研究综述 ……………………………………………… 003

　　第二节 经济新常态下创业环境的变化 ………………………………… 007

第二章 经济新常态下创业环境评价模型及指标体系构建 ……………… 009

　　第一节 经济新常态下创业环境评价模型构建 ………………………… 009

　　第二节 经济新常态下创业环境指标体系构建及解析 ………………… 010

第三章 经济新常态下江西省创业环境的评价与分析 …………………… 015

　　第一节 数据来源说明 …………………………………………………… 015

　　第二节 评价方法选取 …………………………………………………… 016

　　第三节 经济新常态下江西省创业环境评价 …………………………… 019

第四章 经济新常态下江西省创业环境优化对策分析 …………………… 029

第五章 本篇小结 …………………………………………………………… 033

附　录 ……………………………………………………………………… 035

第二篇 代际关系与创业决策

第六章 代际关系与创业决策研究综述 ……………………………… 043
- 第一节 研究背景 ………………………………………………… 043
- 第二节 代际关系与创业决策研究综述 ………………………… 045
- 第三节 研究假设与模型构建 …………………………………… 055

第七章 父辈创业情景和后代创业认识、创业决策因子分析 ……… 061
- 第一节 量表设计 ………………………………………………… 061
- 第二节 数据收集 ………………………………………………… 064
- 第三节 因子分析 ………………………………………………… 067

第八章 父辈创业情景对后代创业认知和后代创业决策的影响 …… 075
- 第一节 模型分析 ………………………………………………… 075
- 第二节 模型修正 ………………………………………………… 080

第九章 本篇小结 ……………………………………………………… 085

附 录 …………………………………………………………………… 089

第三篇 社会资本与创业绩效

第十章 社会资本和创业绩效研究综述 ……………………………… 095
- 第一节 研究背景 ………………………………………………… 095
- 第二节 社会资本研究综述 ……………………………………… 097
- 第三节 创业绩效的研究综述 …………………………………… 100

第十一章　社会资本、创业导向对小微企业创业绩效影响的模型设计 ……… 103

第一节　小微企业研究综述 …………………………………………… 103
第二节　创业导向研究综述 …………………………………………… 105
第三节　概念模型 ……………………………………………………… 108

第十二章　社会资本和小微企业创业绩效的因子分析 ……………………… 111

第一节　研究设计与研究方法 ………………………………………… 111
第二节　数据分析方法及问卷的信度效度检验 ……………………… 114
第三节　验证性因子分析 ……………………………………………… 118

第十三章　社会资本、创业导向对小微企业创业绩效的影响分析 ………… 129

第一节　关于控制变量对小微企业创业绩效影响分析 ……………… 129
第二节　社会资本对小微企业创业绩效的影响分析 ………………… 132
第三节　创业导向对小微企业创业绩效的影响分析 ………………… 133

第十四章　创业导向的调节效应和中介效应分析 …………………………… 137

第一节　创业导向的调节效应分析 …………………………………… 137
第二节　关于创业导向中介效应分析 ………………………………… 138

第十五章　本篇小结 …………………………………………………………… 141

附　录 …………………………………………………………………………… 145

第四篇　"互联网+"典型创业案例分析

第十六章　公司简介及发展规划 ……………………………………………… 153

第一节　公司介绍 ……………………………………………………… 153

第二节 公司战略与发展计划 ……………………………………… 158

第十七章 产品设计及市场分析 …………………………………… 167

第一节 STP 分析 ……………………………………………… 167
第二节 行业分析 ……………………………………………… 173
第三节 产品设计 ……………………………………………… 182
第四节 产品研发 ……………………………………………… 183

第十八章 商业模式及营销策略 …………………………………… 189

第一节 商业模式设计 ………………………………………… 189
第二节 营销策略 ……………………………………………… 193

第十九章 人力资源管理 …………………………………………… 201

第一节 团队建设 ……………………………………………… 201
第二节 人力资源管理 ………………………………………… 203

第二十章 财务管理 ………………………………………………… 211

第一节 财务数据 ……………………………………………… 211
第二节 财务指标分析 ………………………………………… 217
第三节 投融资分析 …………………………………………… 220
第四节 经济效益分析 ………………………………………… 223

第二十一章 风险预测及退出 ……………………………………… 227

第一节 风险预测及应对策略 ………………………………… 227
第二节 风险退出机制 ………………………………………… 231

参考文献 …………………………………………………………… 237

第一篇

经济新常态下创业环境分析

第一章　创业环境的研究综述与经济新常态下创业环境的变化

第一节　创业环境研究综述

2014年11月9日习近平在亚太经合组织工商领导人峰会上首次系统阐述了"新常态"。经济新常态下，创新创业成为我国经济转型升级的关键所在，是推动经济优化升级的有力引擎。

从前人研究成果可知，所谓创业，从广义上讲，包括新创企业建立和现有企业表现为改进技术、创建新项目等方式的再创业。活跃的创业活动有利于增加该创业地区的财富增长，有利于促进该地区的经济社会发展，有利于实现经济新常态下的经济发展目标，促进经济产业优化升级。创业环境则决定着创业活动的形成与发展。

创业环境不仅影响创业，而且能够影响整个地区的产业结构与经济发展。好的创业环境有利于孕育活跃的创业活动，促进产品与服务的市场流通，加速产业结构优化升级，进而提升该地区经济发展效度，提升其经济竞争力。

一、经济新常态研究综述

"新常态"一词最早是由 PIMCO[①] 总裁埃里安提出,西方学者普遍认为,所谓"新常态",即金融危机后恢复中的慢速且痛苦的过程。而习近平提出的中国式经济新常态,则是从中国经济发展的阶段性特征出发,强调经济发展战略心态的调整,注重依靠创新创业优化经济发展结构,增强经济发展的效益与质量,强调了创新创业的重要性。我国经济新常态主要表现为经济增长从高速转变为中高速;经济发展结构不断优化升级;经济发展由投资驱动、要素驱动转变为创新驱动。在经济新常态下,中国经济发展向着形态高级、分工细化、结构合理方向演进。

综上所述,中国经济新常态与西方国家所认为的新常态完全不同。中国经济新常态是着眼于结构优化与可持续发展而适当调整发展速度的一种运行状态。

关于经济新常态,我国学者也有过一些研究,郑京平(2014)从我国现今环境出发,根据中国经济新常态,提出了我国经济发展的相关建议。刘冰(2015)从宏观视角出发,阐述了经济新常态与经济增长变化的关系。张占仓(2015)从新常态这一背景出发,通过对比研究了中国在经济新常态下的可持续发展趋势等。目前关于中国经济新常态的研究,大多都是定性的研究分析,缺乏"经济新常态"与创业方面的研究。

二、创业环境理论综述

关于创业环境的理论研究,国内外学者发表了很多观点,大体上可以归纳为三类:一是"平台论","平台论"强调搭建平台的重要性;二是"因素论",强调创业是受创业过程中各个因素影响的;三是"系统论",认为创业环境是一个由诸多子系统组成的混沌系统。三类创业环境论都有其合理性,但本书更倾向于将三者结合起来认识创业环境,并通过一定的方法来评价创业环境。

---

① PIMCO 表示美国太平基金管理公司。

（一）关于创业环境的内涵研究

1. 国外研究现状

Gartner（1985）认为，创业环境是创业过程中具有影响作用的一系列外部因素和它们组成的有机整体。Specht（1993）将创业环境定义为一个创业者可以从中接收有利于创业的要素，并且将它们整合的资源库。Desai Gompers 和 Lemer（2003）指出，创业环境实际为一种制度环境。Gnywali 和 Fogel（1994）认为，创业环境就是在创业过程中创业者所能利用和必须面对的各种因素的总和。这个定义就是引申自 Gartner 的定义，但相对 Gartner 的定义更加有针对性，明确提出了创业环境中的各种要素必须是创业者所要面对和能够利用的。

2. 国内研究现状

国内的不少学者也定义了创业环境。池仁勇（2002）认为，创业环境就是创业者与创业企业所处地区的周边环境。罗新阳（2009）从空间的角度定义创业环境，认为创业环境是创业活动建立及成长的物理和社会空间。赵云鹤（2012）认为，创业环境是一个系统的概念，狭义的创业环境指创业者创业时所面对的环境，仅包括创业者本身所拥有的资源和所处的社会文化，广义地讲，则包含了整个社会以及创业过程中的每一个环节。

由于研究的着重点不一，学者们对创业环境的定义各有不同。但有一共同点，即创业环境是与创业息息相关的各要素的一个集合。

（二）创业环境构成要素研究

1. 国外研究现状

Litvak 和 Maul（1976）认为，创业环境要素包括风险资本、营销市场、公共政策等环境因素。Cheil（1985）把创业环境要素分为社会、经济、政治、基础设施和市场因素。Gnyawali 和 Foge（1994）提出，创业环境要素包括政府政策和工作程序、社会经济条件、创业和管理技能、创业的资金支持以及对创业的非资金支持。Bloodgood（1995）把创业环境要素分为家庭和社会支持系统、财政来源、人才、顾客、当地社区政府机构等。Gartner（1995）认为，创业环境由资源的可获得性、周边的大学及科研机构、政府的干预及人们的创业态度等因素组成。GEM——全球创业观察（2003）中提到，创业环境要素是由金融支持、政府政策、政府项目和支持、教育与培训、研究开发转移、商业和专业基础设施、进入壁垒、有形基础设施、文化与社会规范等组成。

2. 国内研究现状

针对创业环境要素的研究，我国学者在结合前人研究与社会实际，提出了自己的看法。池仁勇（2002）提到，创业环境要素应分为以下几个方面：创业者培育系统、企业孵化系统、企业培训系统、风险管理系统、成功报酬系统和创业网络系统。张玉利（2004）提到，创业环境要素由政府政策和工作程序、社会经济条件、创业和管理技能以及金融与非金融支持。段利民（2010）则认为，创业环境要素应由经济、技术、产业、金融、服务、法制和地理构成。

不同的学者由于研究视角不一，对创业环境构成要素分类不一。就目前研究来看，对于创业环境的研究，大家接受度较高的是 GEM 模型中对环境要素的划分。但 GEM 也不是一成不变的，需要研究者根据自身研究重点进行改进。

（三）国内创业环境评价研究

就国内创业环境评价而言，有不少学者运用创业环境评价理论对具体创业环境进行了评价分析，从一定意义上证实了创业环境理论的科学性。

江虹（2007）基于 GEM 的研究框架研究了省级区域创业环境指标体系，并以江苏为例进行了论证，着重强调了创业的外部环境。杨哗（2007）利用 GEM 创业环境模型对长三角区域的创业环境进行了分析，提出了相关政策建议。张立柱（2008）用层次分析和模糊评价相结合的方式创建了一套针对区域创业环境的评价体系和模型，运用大量数学模型，使得评价更加的科学化。李国军（2009）将创业环境分为社会支持、政府调控和资源获取三个维度，并对三个维度的重要性进行了测量，最后利用这三个维度对东西部的创业环境进行了比较。朱涵（2013）结合 GEM 模型创建了 CEM 模型，以江苏省为例对全国创业环境进行评价分析。

综观以上研究，大多都是基于 GEM 模型对区域创业环境进行评价研究，这也证实了 GEM 模型的科学性所在。同时，大部分研究都是基于一种分析方法进行的评价分析，由于单个分析方法的局限性，研究难免存在不足。

第二节　经济新常态下创业环境的变化

经济新常态下，我国处于产业结构升级和调整的关键时期，创新创业在促进产业结构调整中发挥着举足轻重的作用，在推进"大众创业、万众创新"的进程中，我国的创业环境也相应地发生了变化。

一、经济增速放缓，致使创业绩效不佳

在经济新常态下，随着我国经济增速的放缓，资本、劳动力、土地、资源等要素成本上涨，企业营业收入增速放缓，绩效下滑累积效应明显，社会总体利润增长速度下降趋势呈现。同时，经济结构的调整，使一些传统企业萎缩甚至被淘汰，导致企业营业收入下降，绩效下滑，社会总利润下降，加之GDP增速下调，导致社会财富积累和新财富增加能力减弱，"钱荒"发生的可能性增大，企业无暇投入创业，致使创业绩效不佳。

二、经济结构转型，导致企业科技投入不足

经济新常态下，在我国经济结构转型升级的关键时期，原有企业受现金流量与资本存量的制约，被迫收缩生产规模，减少R&D投入，放缓研发人才储备和创新资源并购步伐，暂缓技术改进和技术创新中心、平台建设，从而最终影响企业创新能力。

三、政府支持，使创业政策环境宽松

经济新常态下，创新创业成为了大众熟识的热点词汇，为了更好地鼓励有技能、有专长、有创意的创业者新办企业，推动创新创业的发展，政府相继出台了一系列相关政策，以促进技术进步和创新。比如，国务院在关于做好新形势下的就业创业工作中提到要进一步优化登记方式，营造宽松的准入环境；要总结推广

新型孵化模式，为创业企业提供便利且低成本开放式的综合服务平台和发展空间；要综合运用积极的财税优惠政策，加大减税降费力度以鼓励创新创业的发展，加大引导社会资本和金融资本支持创业活动；运用调整贷款（对创业困难群众贷款最高额度由原来针对不同人群的 5 万元、8 万元、10 万元不等统一调整为 10 万元）及政府贴息的方式支持创业担保贷款的发展；要切实搭建创业交流平台，培育创业文化，营造大众创业的良好氛围。

四、商事改革，优化了商务环境

为激发创业者的创业热情，优化营商环境，降低创业门槛，合力促进商务诚信建设，商事改革应运而生。商事改革使注册更为便利高效——实行注册资本认缴登记制度，放宽注册资本登记条件，取消最低注册资本限额、改革工商登记事项。改革中强调了信用机制的完善，改革了登记审批流程，实现审批与监管相统一，简化了行政审批流程，提高了行政审批效率，使创业的商务环境更为完善，有利于创业的发展。

第二章 经济新常态下创业环境评价模型及指标体系构建

第一节 经济新常态下创业环境评价模型构建

一、创业环境评价模型建立

经济新常态下,受经济结构调整影响,原有环境基础中的经济总量相对下滑,创业环境欠佳;而外部因素的投入,如政府政策、科技等,又在一定程度上刺激或推动了原有创业环境的优化,以致产出创业成果。本书基于 GEM 模型中的九要素测度框架及郭元源（2006）依据水位模型,结合经济新常态实际,认为创业环境是一个动态的过程,并从经济学中投入与产出的角度,提出过程型而非纯截面型的创业环境评价模型。具体如图 2-1 所示。

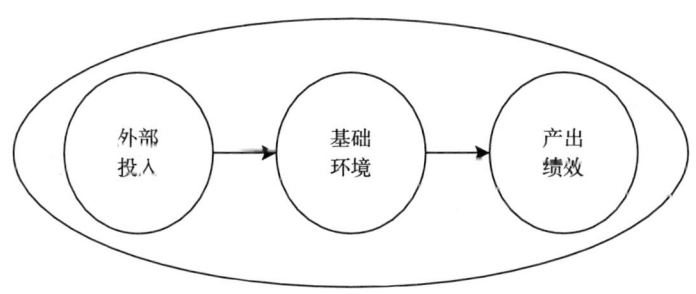

图 2-1 创业环境评价过程模型

从评价模型出发，基于 GEM 模型中的九要素测度框架及郭元源（2006）依据水位模型构建的创业环境测度框架，结合经济新常态下创业环境的变化，构建了创业环境评价的研究框架，如图 2-2 所示。

二、创业环境评价模型研究框架

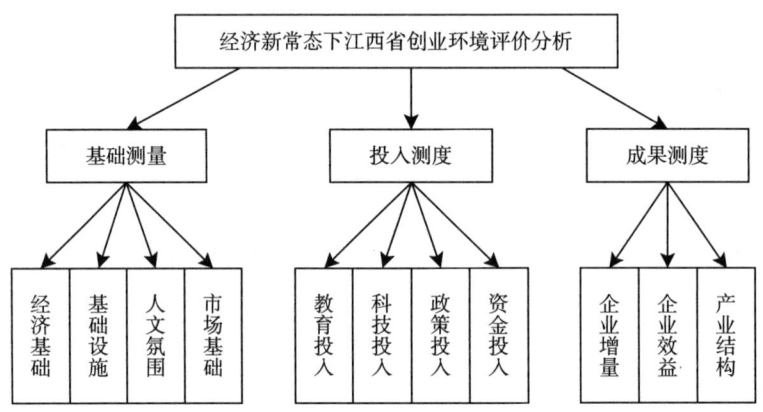

图 2-2　经济新常态下创业环境研究框架

第二节　经济新常态下创业环境指标体系构建及解析

一、创业环境指标体系构建

在吸收国内外已有研究成果的基础上，结合经济新常态下创业环境的测度框架，本书构建了经济新常态下创业环境评价指标体系。这套指标体系由 3 个一级综合级指标，10 个二级类别指标，29 个三级评估测量指标构成。三级指标作为取值依据，下一级指标的集合等于上一级的某个指标，权重层层传递，层层汇总，最后得到一个总分。其中，政策投入中，根据经济新常态下，要求行政审批下放这一特征,加入了行政审批效率;人文氛围中,从"大众创业、万众创新"的角度出发,设置了三个衡量指标,特别是加入了公众对创业的认可度这一衡量指标;同时,为了更好地对创业环境进行测量,将成果测度中的企业增量与企业效益设置为现有创业企业活力这一类别指标。

表2-1 经济新常态下创业环境评价指标体系

一级指标		二级指标	三级指标
经济新常态下创业环境评价	基础测量	1 经济基础	人均GDP
			人均可支配收入
			固定资产投资增长率
		2 基础设施	全社会运输周转量
			互联网宽带用户数
			商业服务业设施用地
		3 人文氛围	创新意识
			创业宣传力度
			公众对创业的认可度
		4 市场开放程度	反垄断法有效程度
			新企业进入成本
			成熟企业设置的进入壁垒
	投入测度	5 教育投入	人均公共教育支出
			高校创业教育活跃程度
			高校创业导师满意度
		6 技术投入	专利申请授权量
			科技活动人员数
			R&D内部经费支出额
		7 政府支持	行政审批效率
			创业贷款担保扶持力度
			创业交流平台搭建认可度
		8 资金支持	公共财政预算支出额
			金融业贷款余额比重
	成果测度	9 现有创业企业活力	私营企业增长数
			私营企业产值占工业总产值比重
			私营企业人均实现工业增加值

续表

一级指标		二级指标	三级指标
经济新常态下创业环境评价 成果测度	10	产业结构	第一产业固定资产投资增长率
			第二产业固定资产投资增长率
			第三产业固定资产投资增长率

二、指标解析

（1）经济基础。反映评估区域在创业企业发展时提供资金的能力及可能性，由人均 GDP、人均可支配收入、固定资产投资增长率构成，数据从统计年鉴获取。

（2）基础设施。基础设施主要反映经济新常态下创业环境评估区域内的客观生存基础，主要从全社会运输周转量、互联网宽带用户数、商业服务业设施用地三个衡量指标入手。全社会运输周转量反映该评估区域在交通方面的建设情况，在一定程度上反映城市创业企业的物流及外展条件，商业服务业设施用地面积主要测量该区域内居民创业场地获取的可能性，互联网宽带用户数主要测量该区域居民的信息获取能力。数据从统计年鉴获取。

（3）人文氛围。人文氛围指标主要反映城市的价值取向及氛围是否适合创业企业的成立及发展。创新意识反映经济新常态下评估区域内的创新精神情况，创业宣传力度、公众对创业的认可度这两个衡量指标则反应该评估区域的创业重视程度及接受度如何。数据通过问卷调查获取。

（4）市场开放程度。市场开放程度主要反映经济新常态下创业环境评估区域的商业活跃程度及创业企业发展空间的大小。主要设置了成熟企业设置的市场进入壁垒、新企业的市场进入成本及反垄断法的有效程度，成熟企业设置的市场进入壁垒可以测量出该区域内成熟企业的发展情况及其竞争力强弱及创业企业的生存力大小。新企业的市场进入成本可以测量出该区域内对外开放程度及创业企业进入的可能性大小，《中华人民共和国反垄断法》的有效程度则可测量出该区域内对有序竞争的态度。数据通过问卷调查获得。

（5）教育投入。教育投入指标主要考量经济新常态下该区域的创业支持力度，主要由人均公共教育支出、高校创业教育活跃程度、高校创业导师数构成。

相关数据从统计年鉴和调查获取。

（6）技术投入。技术投入指标是用来描述该区域创业的发展持续性与活力情况，由专利授权量、科技活动人员数、R&D 内部经费支出额构成。数据由统计年鉴获得。

（7）政府支持。政府支持主要是通过行政审批效率及创业担保贷款扶持力度两方面来考察政府对创业的政策扶持力度，通过"创业交流平台搭建认可度"这一衡量指标来测量政府对创业企业的服务支持实况，从政策和服务两方面来综合测量经济新常态下政府对创业的支持情况，此部分信息可通过问卷调查获取。

（8）资金支持。主要反映该区域在创业过程中的实际投入情况和支持力度，通过统计年鉴中公共财政预算支出资金额、金融业贷款余额比重等指标体现。

（9）现有创业企业活力。现有创业企业活力指标，主要从结果的角度来反映创业环境对创业的作用，因创业企业数据收集难度较大，本书选用私营经济的相关数据代替近似计算。设置了私营企业增长率、私营企业产值占工业总产值比重、私营企业人均实现工业增加值等衡量指标。此部分数据从统计年鉴获取。

（10）产业结构。经济新常态下，创业环境的好坏可以通过创业成果中产业结构的变化窥见一二，因此，在此类别指标中设立了第一产业固定资产投资增长率、第二产业固定资产投资增长率、第三产业固定资产投资增长率三个衡量指标。数据从统计年鉴获得。

经济新常态使创业环境发生了一定的变化，因此，根据经济新常态的时代特色，选择正确、系统、科学、有针对性的指标体系对创业环境进行评价是很有必要的。因为，创业环境要素中有许多政府可控的变量，政府可以根据经济新常态下创业环境评价中可控要素变量，塑造出新的有利于"大众创业、万众创新"的创业环境，促进经济发展。

第三章　经济新常态下江西省创业环境的评价与分析

第一节　数据来源说明

江西商业在中国历史舞台上曾扮演着重要角色,"江右商帮"的出现就是很好的验证。而今,作为中部地区的农业大省,江西在经济新常态下,在"大众创业、万众创新"的浪潮中,在"一带一路"的发展机遇期,对发挥长江三角洲、珠江三角洲和海西经济区等发达地区的腹地效应,实现全省经济供给侧改革,提高经济发展的质量与效益,实现中部地区之崛起目标,创新创业扮演着重要的角色,而作为创业活跃程度的决定因素——创业环境,则需要被了解、被分析。

综上所述,无论从现实情况出发,还是着眼于目前研究分析,在经济新常态下,运用一定的评价方法,对江西省的创业环境进行评价分析,是现实的需要。做好江西省创业环境评价分析,有利于更好地指导创业者选择最有利可图的创业区域进行创业,有利于更好地帮助江西省各级政府明确改善本地创业环境的方向和重点,以促进创业、促成经济发展的优化转型升级,实现供给侧结构改革之目标。

因此,从江西省实际出发,研究其创业环境,对其创业环境进行评价分析是很有意义的。

(1) 科学意义。本书是在 GEM 和其他相关模型研究的基础上,对江西省的创业环境进行评价分析,这不仅是对相关研究模型的验证,而且是其在中部欠发达省份的一次很好的运用。同时，在中国经济新常态这一背景下，结合江西省实际，构建了一套经济新常态下具有江西特色的创业环境评价体系，在一定程度上，对之前的创业环境理论研究进行了补充，使理论研究更加丰富充实。

（2）实践意义。对经济新常态下江西省的创业环境进行评价分析，提出优化创业环境的对策，这不仅为江西省在经济新常态下拉动"大众创业、万众创新"这一引擎提供了一个良好的借鉴，而且为江西省的创业发展创造了一个良好的环境。在良好的创业环境下，江西省的创业将更为活跃，如此，才能很好地调节省区经济的发展，促进产业结构优化升级，以使经济持续稳健发展；在经济发展的同时，带来更多的就业机会，缓解当前紧张的就业压力，促进就业，对于建设和谐社会有着重要的作用。因此，在经济新常态下，对江西省创业环境进行测评有着重要的实践意义。

江西省共有南昌市、九江市、赣州市、吉安市、抚州市、鹰潭市、景德镇市、新余市、宜春市、上饶市、萍乡市11个市，为获得全面、真实的数据，切实反映经济新常态下江西省的创业环境情况。笔者通过统计年鉴、统计公报及问卷调查等形式获取相关数据。在评价指标体系中，江西省11个地市的人文氛围、市场开放程度、人文氛围、政府支持力度等几个方面因无法获取确切数据，因而选用调查问卷（见附录）的形式进行了针对性的调研活动，以获得第一手数据。问卷共计550份，回收536份，回收率为97.5%，其中，有效问卷528份，无效问卷8份，问卷有效率为98.5%。指标体系中的其他数据则是通过查阅《江西统计年鉴》和统计公报等获取的二手数据。

第二节 评价方法选取

一、数据的去量纲化

由于量级和单位的不同，创业环境评价体系指标间存在不可共度性，为方便评价，需要对指标进行无量纲处理。本书选取极差标准化法来对数据进行处理。

选取江西省的各个城市的数据为 m 个样本，经济新常态下创业环境评价指标体系指标有 n 个，$Z_{ij}(i=1,2,3,\cdots,m;j=1,2,3,\cdots,n)$ 为 i 个样本的第 j 个指标值。则 n 个指标对 m 个被评价对象的评价指标体系用矩阵 Z 为：

$$Z = \begin{bmatrix} Z_{11} & Z_{12} & \cdots & Z_{1m} \\ Z_{21} & Z_{22} & \cdots & Z_{2m} \\ \vdots & \vdots & \ddots & \vdots \\ Z_{n1} & Z_{n2} & Z_{n3} & Z_{nm} \end{bmatrix}$$ 式（3-1）

极差标准化法的具体步骤为，通过指标的最小值、最大值计算极差，再通过极差法将指标值映射在 [0，1] 之间，x^* 为新值，x 为原数据，min 为极小值，max 为极大值，表示为：

$$X^* = (x - min)/max - min$$ 式（3-2）

通过转换处理，得到标准化后的特征矩阵：

$$R = \begin{bmatrix} R_{11} & R_{12} & \cdots & R_{1m} \\ R_{21} & R_{22} & \cdots & R_{2m} \\ \vdots & \vdots & \ddots & \vdots \\ R_{n1} & R_{n2} & \cdots & R_{nm} \end{bmatrix}$$ 式（3-3）

二、熵权法确定权重

权重的确定直接影响江西省创业环境评价的结果，权重的设定在实际操作中主要有定性和定量两种方法。定性方法主要是通过专家的意见来确定权重。定量方法最常见的有最小二乘法、主成分法、熵权法等。为了得到科学合理的指标权重，本书选取定量赋权法中的熵值法来进行江西省创业环境各评价指标权重的确定。熵可以用来度量信息量的大小，某指标传输的信息越多，该指标的作用就越大。具体步骤如下：

（1）计算各样本各指标的比重，$P_{ij} = \dfrac{R_{ij}}{\sum\limits_{i=1}^{m} R_{ij}}$。

(2) 计算指标的熵值，$H_j = -k \sum_{j=1}^{n} P_{ij} \ln P_{ij}$，其中，$k > 0$，$H_j \geq 0$，$k = 1/\ln m$。

(3) 计算第 j 项的权重，$w^j = (1 - H_j) / \sum_{j=1}^{n} (1 - H_j)$，$(j = 1, 2, 3, \cdots, n)$，其中，$(1 - H_j)$ 为第 j 项指标的差异性系数。

权重的大小反映不同指标所起作用的大小。某个指标的熵值越小、熵权越大，说明该指标为决策者提供的有用信息越多。评价指标的权向量为：

$W = w^1, w^2, w^3, \cdots, w^n$ 式（3-4）

三、模糊综合评价法

模糊综合评价法将定性与定量分析结合起来，较好地处理模糊的难以精确量化的非确定性问题。模糊综合评价方法具有可以进行多层次评价并且其评价过程可不断循环，可以评价指标权重处理，评价结果只是一个向量集等特点。

模糊综合评价法的评价过程中，先要确定两个模糊集，一个是确定指标模糊权重，确定指标的重要程度；另一个是用来表示评语集与指标之间的模糊程度的隶属函数或模糊矩阵。具体如下。

（一）评价因素集确立

江西省创业环境评价指标体系的因素集 A 是综合评价指标集合体，是一级指标，也称维度层 1，具体为 $A = \{A_1, A_2, \cdots, A_n\}$，$n = 3$；其中，$A_n$ 表示江西省创业环境评价中的基础测量、投入测量和成果测量三个从投入产出角度出发予以评价的三个方面。维度层 2 为 $C = \{C_1, C_2, \cdots, C_n\}$，$n = 10$；其中，$C_n$ 表示创业环境二级维度层的经济基础、基础设施、人文环境、市场开放程度、教育投入、技术投入、政府支持、资金支持、现有创业企业活力、产业结构十个具体方面。三级指标层为：$C_i = \{C_{i1}, C_{i2}, \cdots, C_{ij}\}$，其中，$C_{ij}$ 表示第 i 个准则层的第 j 个指标。根据维度层 2 可以推算出维度层 1。

（二）模糊评判集及隶属度矩阵构建

评判集是对江西省创业环境评价各指标做出的可能结果的集合，从江西省实际出发，构建评价集 $W = \{W_1, W_2, \cdots, W_k\}$，记 $k = 4, 3, 2, 1$，分别代表优、良、中、差四个等级。依据专家打分法,确定江西省 11 个地市在 C_i 中各等级因素中的隶属度,得到在 C_i 上的隶属度矩阵 R。具体为:

$$R = \begin{bmatrix} r_{11} & r_{12} & \cdots & r_{1m} \\ r_{21} & r_{22} & \cdots & r_{2m} \\ \cdots & \cdots & \ddots & \cdots \\ r_{n1} & r_{n2} & \cdots & r_{nm} \end{bmatrix} \qquad 式（3-5）$$

式（3-5）中,r_{nm} 为第 n 个评价维度对第 m 个评价等级的隶属度,反映了评价等级与评价因素的模糊关系,m 表示评价等级数,n 表示评价因数个数。

（三）生成模糊综合总评

运用合适的算子,根据熵权得出的权重 W 和评价隶属矩阵 R 进行综合运算,生成模糊综合评价结果向量 B:

$$B = WoR^t = (W^1, W^2, W^3, \cdots, W^n) o \begin{bmatrix} r_{11} & r_{12} & \cdots & r_{1m} \\ r_{21} & r_{22} & \cdots & r_{2m} \\ \cdots & \cdots & \ddots & \cdots \\ r_{n1} & r_{n2} & \cdots & r_{nm} \end{bmatrix} \qquad 式（3-6）$$

式（3-6）中,o 为合成算子,b_j 由 W 与 R^t 的第 m 列运算得出,表示江西省创业环境从整体上看对四级评语集的隶属度。由于创业环境评价是一个综合性的评价,因此评价应根据权重大小对所有指标均衡兼顾。根据结果 b_j 值大小来判断经济新常态下江西省创业环境评价,b_j 值越大表示创业环境越优,反之亦然。

第三节　经济新常态下江西省创业环境评价

一、权重确定

通过差值法对原有数据进行标准化处理,采用熵权法得到各个指标的权重,结果如表 3-1 所示。

表 3-1 指标权重表

一级指标	一级指标权重	二级指标	二级指标权重	三级指标	系统权重
基础测量	0.3991	经济基础	0.1014	人均 GDP	0.0375
				人均可支配收入	0.0348
				固定资产投资增长率	0.0291
		基础设施	0.1115	全社会运输周转量	0.0359
				互联网宽带用户数	0.0348
				商业服务业设施用地	0.0408
		人文氛围	0.0956	创新意识	0.0292
				创业宣传力度	0.0285
				公众对创业的认可度	0.0379
		市场开放	0.0906	反垄断法有效程度	0.0309
				新企业进入成本	0.0284
				成熟企业设置的进入壁垒	0.0314
投入测度	0.4055	教育投入	0.0934	人均公共教育支出	0.0347
				高校创业教育活跃程度	0.0298
				高校创业导师满意度	0.0289
		技术投入	0.1531	专利申请授权量	0.0644
				科技活动人员数	0.0476
				R&D 内部经费支出额	0.0411
		政府支持	0.0954	行政审批效率	0.0293
				创业贷款担保扶持力度	0.0310
				创业交流平台搭建认可度	0.0351
		资金支持	0.0636	公共财政预算支出额	0.0346
				金融业贷款余额比重	0.0289
成果测度	0.1954	现有创业企业活力	0.1014	私营企业增长数	0.0344
				私营企业产值占工业总产值比重	0.0337
				私营企业人均实现工业增加值	0.0332
		产业结构	0.0940	第一产业固定资产投资增长率	0.0352
				第二产业固定资产投资增长率	0.0294
				第三产业固定资产投资增长率	0.0295

从表 3-1 了解到，经济新常态下江西省创业环境评价指标体系权重结果中，投入测度权重为 0.4055，占比最大；次之为基础测量，权重为 0.3991；接着为成果测度，权重是 0.1954。而其中，技术投入、经济基础、基础设施、现有企业创业活力等指标权重相对较大。这说明，基础环境，特别是其中的经济基础、基础设施等指标在创业环境评价中举足轻重；而投入在创业环境中所起作用则更大，特别是技术投入；成果测度权重虽然较小，但其中的现有创业企业活力对创业环境影响大。

二、模糊综合评价

（1）确定权重，如表 3-2 所示。

（2）确定评语集。评语集问卷设计成李克特量表格式，指标的测量采用李克特量表的方法，利用语义学标度分为四个测量等级：优、良、中、差。出于计算角度的考虑，本书将主观评价的语义学标度进行量化，依次赋值为 4、3、2 及 1，以确定评语等级论域，即评价集 W = {W₁, W₂, …, Wₖ} = {优, 良, 中, 差}。

表 3-2 评价定量分级标准

评价值	评语	定级
$x_i > 3.5$	优	E1
$2.5 < x_i \leq 3.5$	良	E2
$1.5 < x_i \leq 2.5$	中	E3
$x_i \leq 1.5$	差	E4

（3）模糊综合评价。利用加权平均 M(•, ⊕) 模糊合成算子将 W 与 R 组合得到模糊综合评价的结果向量 B。模糊综合评价常用取大取小算法，在因素较多时，各因素所分得的权重往往较小。在模糊合成运算中，信息丢失较大，易使模型失效。针对上述问题，这里采用加权平均型的模糊合成算子。计算公式为：

$$b_i = \sum_{i=1}^{p}(a_i \cdot r_{ij}) = \min\left(1, \sum_{i=1}^{p} a_i \cdot r_{ij}\right), \quad j = 1, 2, \cdots, m \qquad 式（3-7）$$

式（3-7）中，b_i、a_i、r_{ij} 分别为隶属于第 j 等级的隶属度、第 i 个评价指标的权重和第 i 个评价指标隶属于第 j 等级的隶属度。本书评价集的调查数据来源为综合 6 位专家打分而得。

三、评价结果

（一）江西省各地市创业环境总体评价分析

对江西省各个市的创业环境进行评价，运算结果如表 3-3 所示。

表 3-3　江西省各地市创业环境总体评价结果

评价对象	创业环境水平	定级
南昌	2.8903	E2
九江	2.5408	E2
赣州	2.4957	E3
宜春	2.4552	E3
吉安	2.1964	E3
萍乡	2.2071	E3
上饶	2.1219	E3
新余	2.0745	E3
鹰潭	2.0068	E3
景德镇	2.0012	E3
抚州	1.9932	E3
江西省	2.2712	E3

经济新常态下，江西省总体创业环境评价为 $B = WoR' = 2.2712$，属于中等水平。11 个地市的创业环境评价结果为 $B_1 = WoR_1' =$（2.8903、2.5408、2.4957、2.4552、2.1964、2.2071、2.1219、2.0745、2.0068、2.0012、1.9932）。根据 B_1 值可知，经济新常态下，江西省 11 个地市创业环境评价结果名次由高到低依次排列为南昌市、九江市、赣州市、宜春市、萍乡市、吉安市、上饶市、新余市、鹰潭市、景德镇市、抚州市。其中，南昌市和九江市处于良好水平，其余为一般。

（二）一级指标下江西省创业环境综合评价分析

根据创业环境评价分析模型，对经济新常态下江西省创业环境从经济学投入与产出角度进行评价。其运算结果为：基础测量中，江西省的创业环境评价值为

2.2379；投入测度中，江西省的创业环境评价值为 2.1982；成果测度中，江西省的创业环境评价值为 2.5391。经济新常态下，创业环境方面，江西省的基础总量对其创业环境影响相对较大，外部投入与成果产出成正比，且一定程度的投入能更好地促进创业活动的形成，使创业成果更为优越（见表 3-4）。

表 3-4　一级指标下江西省创业环境的综合评价结果

一级指标	江西省创业环境
基础测量	2.2379
投入测度	2.1982
成果测度	2.5391

（三）二级指标下江西省创业环境综合评价分析

经济新常态下江西省十大方面的创业环境排序依次为：产业结构、教育投入、市场开放程度、现有企业创业活力、基础设施、资金支持、政府支持、人文氛围、技术投入、经济基础。产业结构优化度、教育投入、市场开放程度值依次为 2.6347、2.5854、2.5483，处于良好水平，其中，市场开放程度中，江西目前积极引进外资，市场开放度较高，同时，因为经济正处于发展中阶段，成熟企业设置的进入壁垒相对较低，有利于新创企业和成长型企业进入与发展。经济基础相对薄弱，技术投入有待加强。具体如表 3-5 所示。

表 3-5　二级指标下江西省创业环境的综合评价结果

二级指标	江西省创业环境
经济基础	1.9812
基础设施	2.3797
人文氛围	2.0509
市场开放程度	2.5483
教育投入	2.5854
技术投入	2.0184
政府支持	2.1286
资金支持	2.1667
现有创业企业活力	2.4505
产业结构优化度	2.6347

(四)江西省各地市一级指标评价结果分析

表 3-6　江西省各地市一级指标评价结果

地市＼一级指标	基础测量	投入测度	成果测度
南昌	2.8757	3.0299	2.6304
赣州	2.6949	2.3223	2.4487
吉安	2.2428	2.1961	2.1024
九江	2.6494	2.6519	2.7110
抚州	1.9277	1.9511	2.0142
鹰潭	2.1170	1.7185	2.3797
萍乡	2.1563	2.0122	2.0302
景德镇	2.0585	1.9018	2.0227
上饶	2.2388	1.8617	2.4230
新余	2.1887	1.9779	2.2494
宜春	2.4690	2.2926	2.7645

根据表 3-6 评价结果得出，经济新常态下，江西省各地市创业环境中的基础测量值由大到小排序依次为：南昌市 2.8757、赣州市 2.6949、九江市 2.6494、宜春市 2.4690、吉安市 2.2428、上饶市 2.2388、新余市 2.1887、萍乡市 2.1563、鹰潭市 2.1170、抚州市 1.9277；创业投入由高到低依次为：南昌市 3.0299、九江市 2.6519、赣州市 2.3223、宜春市 2.2926、吉安市 2.1961、萍乡市 2.0122、新余市 1.9779、抚州市 1.9511、景德镇市 1.9018、上饶市 1.8617、鹰潭市 1.7185；创业投入所产出的创业成果由优到次依次排列为：宜春市、九江市、南昌市、赣州市、上饶市、鹰潭市、新余市、吉安市、萍乡市、景德镇市、抚州市，评价值依次为 2.7645、2.7110、2.6304、2.4487、2.4230、2.3797、2.2494、2.1024、2.0302、2.0227、2.0142。综合来看，在江西省的 11 个地市中，基础环境较好的设区市，其投入对成果产出的正向作用大。其中南昌市、宜春市、九江市、赣州市等的基础环境相对较好，投入产出比相对较高，创业环境相对更优。景德镇市、抚州市、鹰潭市等的创业环境则相对较差。

（五）二级指标下江西省各地市创业环境评价分析

表 3-7 二级指标下江西省各地市创业环境评价结果

地市\二级指标	经济基础	基础设施	人文氛围	市场开放	教育投入	技术投入	政府支持	资金支持	现有创业企业活力	产业结构
南昌	3.062	3.158	2.921	2.396	3.220	3.1403	2.677	3.015	2.782	2.632
赣州	2.433	3.098	2.632	2.558	2.347	2.193	2.387	2.500	2.499	2.396
吉安	2.096	2.231	2.332	2.328	2.230	2.1851	2.159	2.228	2.004	2.239
九江	2.657	2.939	2.384	2.56	2.670	2.0527	2.483	2.509	2.665	2.761
抚州	1.657	2.061	1.901	2.095	1.907	1.9026	1.928	2.167	1.833	2.225
鹰潭	2.171	2.068	2.132	2.100	1.581	1.5307	1.987	1.970	2.443	2.312
萍乡	2.065	1.885	2.267	2.383	1.959	1.9114	1.657	2.061	2.280	2.598
景德镇	2.347	2.628	2.049	2.044	2.440	2.7816	2.4720	2.152	2.331	2.446
上饶	1.972	2.333	2.167	2.498	2.021	1.9044	1.4930	2.361	2.449	2.396
新余	2.071	1.798	2.682	2.281	2.096	2.0842	1.515	1.606	2.220	2.281
宜春	2.262	2.289	2.652	2.730	2.510	2.0123	2.654	2.106	2.779	2.749

表 3-7 评价结果显示，经济新常态下的江西省创业环境评价中，南昌市的经济基础、基础设施、人文氛围、教育投入、技术投入、政府支持、现有创业企业活力与资金支持都排在第一，创业环境评价值分别为 3.062、3.158、2.921、3.220、3.1403、2.677、2.782、3.015，都处于良好水平；九江市的产业结构最优，处于良好水平，评价值为 2.761，其余指标评价值处于中上水平，紧跟南昌市。宜春市的市场开放程度最优，创业环境评价值为 2.730，处于良好水平。新余市的人文氛围、技术投入相对较好，而基础设施、政府支持力度、资金支持、现有企业创业活力与产业结构则相对不足，处于江西省创业环境评价的中下水平。赣州市因其良好的区位优势和借助新形势下政府对苏区建设的投入与支持，创业环境评价指标值总体处于中上游水平。萍乡市、吉安市、上饶市、景德镇市则总体上在中游或中游偏下地带徘徊。其中，萍乡市市场开放程度、技术投入、产业结构相对较好；吉安市的创业人文氛围、技术投入、教育投入相对较好；上饶市的市场开放程度、资金支持较好，景德镇市的经济基础、基础设施、教育投

入、政府支持较好，技术投入仅次于南昌市。抚州市、鹰潭市的创业环境整体处于江西省创业环境的靠后水平，但抚州市政府政策和资金支持相对较好，鹰潭市经济基础、基础设施、政府支持、资金支持、现有企业创业活力相对较好。

四、结论分析

从上述分析得出，经济新常态下，江西省创业环境总体尚处于一般水平，创业氛围相对较弱，创业环境中基础相对落后，投入与产出呈正相关关系，一定范围投入的增加会带来较大程度的创业成果产出。受环境资源分布等因素影响，江西省11个地市创业环境地区发展不均衡。资源优渥的设区市创业环境要优于一般地区，创业活跃程度较高，产业结构相对较优。同时，处于发展中的江西省因其经济发展水平还不高，又处于"一带一路"战略要地，加上政府对江西发展的目标追求，深化了改革开放之步伐，以致市场开放程度总体尚可，产业结构也在逐步优化升级。总之，当前形势下，江西省创业环境在发展的同时也存在诸多问题，具体如下：

（1）产业结构逐步优化，市场开放程度较高。2015年江西省森林覆盖率达到63%以上，位列全国第二。经济新常态下，江西省依托良好的生态环境资源，大力开展旅游观光旅业及生态休闲农业，产业结构逐渐优化升级，在绿色发展的理念引导下不断向前迈进。与此同时，江西省经济发展水平总体不高，成熟企业对新创企业和成长型企业设置的阻碍对其发展的壁垒不高，市场进入相对容易，进入成本较低，江西省政府深化改革，借助"一带一路"发展机遇，积极推进"开放"发展理念的贯彻落实，积极引进外资，对外开放程度进一步加大。

（2）经济基础薄弱，创业资金支持少。江西省作为中部地区的农业大省，经济发展相对滞后，一方面制约了群众的消费，从而不利于商品的生产与创新创业环境的发展；另一方面也反映出江西创业活跃度相对发达省份不高，从侧面反映出江西省的创业环境问题。同时，经济发展相对滞后致使江西省财政收入相对较低，公共财政预算支出比沿海发达城市要少，创业企业低贷款数额不高。创业资金支持相对较少。

（3）创业教育有待完善，技术投入相对不足。自进入经济新常态以来，创业教育方面，江西省逐步重视创业导师对创业的影响程度，并逐步推进了创业导师的构建，加强了高校创业课程的开发与设置，但还处于初步阶段。首先，创业教育师资队伍中，有过创业实践的创业导师较少。其次，高校创业教育还处于概念化教育阶段，真正指导实践不多。技术投入方面，随着国家对科技的不断关注，专利申请量与授权量在不断增加，但 R&D 成果应用投入稍显不足，专利技术转化为生产力的动力不强。

（4）创业环境资源地区分布不平衡。从江西省的 11 个地市的综合排名来看，南昌市依托江西省几所重点高校以及创业导师，创业教育投入与效果相对较好，创业活跃程度较高；依托省会城市的优势，经济基础和政策支持落实相对较好，有利于本市创业环境的改善。赣州市、宜春市、九江市因其便利的交通体系与优势地理区位，综合排名相对较前。而环境资源相对不足的设区市综合评价则处于后位，如抚州市。

（5）创新意识不强，创业认可度不高。在江西省创业环境的综合评价结果中，人文氛围的最终评价值排在了倒数第三位，这也透露出经济新常态下江西省创业人文氛围不强，江西自古就是农业大省，农民占比高，习惯了小富即安、自给自足的生活，官本位思想相对较强，"重官轻商"意识还比较浓厚，特别受很多创业失败案例的影响，创业认可度不高。民众保守思想较重，创新创业意识不强。

第四章 经济新常态下江西省创业环境优化对策分析

一、转变思想，积极推进创业氛围培养

从上述评价分析可知，江西省创业氛围相对滞后，大众创新意识不强。要改善江西省创业环境，则首先要从观念上转变大众意识，培养大众创业文化，创建良好创业风气，以形成良好的创业文化基础。

（1）加大创业宣传力度。综合利用各种媒介，宣传创业先进事迹，塑造创业形象与创业精神，加强全社会创业文化热度。在创业文化的宣传中，关键是对政府相关政策的推广，使创业政策为民所了解，为民所用。在此基础上加大对创业先进事迹的宣传力度，发挥创业明星带动效应，催生群众创业意愿，便于大众发现创业机会，进而促进创业的发展，促进创业文化落地生根。

（2）需要发挥政府的风向标引导作用。通过构建更为贴近群众的创业交流平台，让群众知道创业、了解创业进而崇尚创业，以形成大众创业意识。同时，政府与市场"双手"并举，积极推进非公有制经济的发展，促进江西省实践的推进与发展，形成活跃的创业气氛。积极出台相关政策，倡导创业，实现以创业带动就业，形成创业光荣、创业改变人生的新型价值观，在全社会营造出个个想创业、人人敢创业的浓厚氛围。

（3）加强创业培训，特别是农民创业培训。作为农业大省，江西要形成全社会的创新创业风气，调动农民创新创业积极性尤为重要。习近平主席在2016年2月江西巡查时说道，江西的农业是很有发言权的，主张农地农用，农地农民用。因此，在推进江西省的创业文化过程中，应加大培育新型职业农民，借助智

慧农业发展势头，推进"123+N"智慧农业模式在农村创业的带动作用。

通过多种方式，多措并举，以转变群众观念，培育良好的创业人文环境。

二、做大经济总量，强化基础

江西省创业环境之所以处于一般水平，基础薄弱是重要原因，而基础薄弱更主要的是表现为经济基础的薄弱。江西省作为中部欠发达省份，经济发展相对滞后，经济总量相对较小，人民收入水平较低，人均可支配收入不高。这在很大程度上限制了江西省创业活动的形成。从前面的评价分析也可以了解到，基础环境的优劣直接影响着创业环境因素投入对创业成果的效用。基础测度较好的地区，投入对创业成果的作用力较大，反之亦然。因此，采取措施提升江西省经济总量，强化创业环境中基础作用的呼声应运而生。经济新常态下，江西省应重视"一带一路"战略发展对江西经济的拉动作用，抓住机遇，以推动江西省商务发展，实现经济增长与创业环境优化。

三、科学推动，优化产业结构

江西省创业环境评价中的产业结构虽处于相对较好的态势，但仍处于中等水平，需要优化。要优化江西省创业产业结构，建议从以下几方面入手：

（1）因地制宜，协调各社区市发展。通过第四章的评价分析了解到，江西省各社区市的创业环境各不相同，地区间差异明显。因此，在经济新常态下，在新的发展理念引导下，政府部门应根据各社区市经济发展条件、人口、收入等方面的不同，提出适合当地发展的产业政策。譬如南昌市和九江市，以昌九一体化为契机，凭借自身的地理区位优势与经济、科教优势，可大力发展高新技术产业和服务业。赣州市借助国家政策对苏区发展的支持和脐橙的知名度，可大力发展农产品种植业，延长产业链，形成产销一体，带动相关产业的发展。景德镇市因其瓷都历史悠久，文化积淀深厚，可大力发展文化产业。

（2）在评价分析中可以看出，江西省11个地市创业环境存在很大差异。对于相对落后的地区应当给予政策支持，以缩小地区差异。首先，做好基础设施建设，修好路。所谓"要想富，先修路"，道路的通畅度是该地区创业环境评价的一个重要因素，特别是互联网快速发展的今天，好的道路状况有利于物流体系的构建与完善，有利于加快当地经济的发展。其次，加强高校文化软实力的建设，一个地区的教育完善程度对一个地区创业环境影响很大，好的高校教育能为当地经济发展提供人才支持。再次，在税收补贴上，作相应的政策倾斜，有良好的道路条件和人才条件还不够，还需要吸引投资，通过减税补贴等方式来繁荣当地商业贸易。最后，加速推进江西省经济发展供给侧改革，实现经济结构的优化升级。

四、深化改革，拓宽融资渠道，加大资金支持力度

在江西省的创业环境评价结果和实际调查中发现，经济新常态下，由于本身经济总量相对落后，加之经济增速放缓，创业者在创业过程中享受的资金支持相对较少，融资困难的现象时有发生。因此，为完善江西省创业环境，政府部门一方面应加大对中小企业的关注，积极引进风投、天使投资等组织，对缺乏启动资金的好的项目进行支持；另一方面应加大创业低息贷款比重、加大创业贷款担保扶持力度，从政策和社会的角度扶持创业企业，深化改革，转变政府职能，积极拓宽创业企业的融资渠道。

五、加大科教投入，提升科技成果转化能力

创业的发展靠人才，人才的培养靠学校，高校是创业人才培养的阵地。在经济新常态背景下，江西省应加大对创业教育的投入，加强高校创业导师队伍培养，优化高校创业课程，开创创业大讲堂等课外活动，鼓励创业成功的毕业生回归讲堂与接受创业教育学子交流经验。同时，相关部门应积极推进高校创业教育改革政策落实，准许在校创业学生推迟毕业。同时，江西省创业环境评价中，技术投入相对不足，特别是R&D成果转化较差，这在一定程度上阻碍了创业实践活动的生成。因此，在江西省创业环境的改善过程中，应着力推进产学研一体化教育，推动协同创新发展机制落到实处。

第五章 本篇小结

在经济新常态背景下,江西经济发展已呈现出新的特点,经济结构不断优化,经济驱动从投资驱动、要素驱动转变为创新创业驱动,为进一步了解当今江西省创业环境,引导创业者选择更有利可图的区域进行创业,帮助各级政府明确改善本地创业环境的方向和重点,本书就当前江西省创业环境进行评价分析。

本书从江西省经济新常态实际出发,结合前人研究经验,以基础环境测量为前提,从外部投入(教育投入、技术投入、政府支持、资金支持)与创业成果产出角度为思考方向,建立了创业环境评价分析模型,提出了创业环境评价分析框架,并基于此构建了由3个一级指标、10个二级指标、29个三级指标组成的评价指标体系。在创业环境评价分析过程中,通过《江西统计年鉴》和统计年报、问卷调查的方式收集数据,运用熵权确定权重,结合模糊综合评价,作出最终的经济新常态下江西省创业环境评价分析。

结论表明:①经济新常态下,江西省创业环境因素投入增加的同时带来了创业成果的进步,且市场开放程度、教育投入不断加大,产业结构逐步优化升级,但创业投入方面还存在很大不足。首先是政府支持力度有限、资金支持力度不够。其次是受基础测量中各因素的影响,致使江西省创业环境仍处于一般水平。②在分地市的评价中,地区间创业环境差异大。③受小农思想和官本位思想影响,创业人文氛围有待提高,尽管近两年创业宣传力度不断加大,但民众创新创业意识不够强烈,创业的认可度总体不高。④创业技术投入相对不足,科研成果转化不足。在对江西省现今时代下创业环境评价分析后,针对存在的不足,分别从思想观念转变、基础夯实、结构优化、科教投入、政府改革深化等方面提出了改进措施。

本书的不足主要表现在以下几个方面：

（1）运用"熵权+模糊综合评价"的分析方法。在确定评价集时采用的是专家打分法，受专家主观因素的影响，存在一定的主观性，一定程度上会影响评价的科学性，这也是模糊综合评价的缺陷所在。

（2）受各篇幅完成时间、数据获得的限制性影响，一定程度上降低了经济新常态下江西省的创业环境评价的准确性。且缺乏与全国创业环境的对比，不够深入。

（3）由于笔者尚处于学习阶段，对江西省创新创业实际问题了解不够透彻，以至于问题分析和对策提出不够深入。

希望在以后的研究中，能投入更多时间，收集更精确的数据，采用更科学的方法对江西省创业环境进行更为精确的评价分析，并放眼全国，了解经济新常态下江西省创业环境在全国所处的水平。同时，根据评价分析结果，提出可行性更强的对策建议，以完善经济新常态下江西省的创业环境，为江西省的创业活动提供更为科学的指导性意见。

附 录

经济新常态下江西省创业环境评价调查问卷

尊敬的先生/女士：

您好！我是江西师范大学商学院的一名研三学生，由于毕业论文撰写需要，恳请您参与填写以下问卷。本次调查的主要目的是了解经济新常态下江西省创业环境状况，为江西省创业环境改善提供相关建议意见。本次调查主要涵盖创业人文氛围、市场开放程度、创业教育投入、政府支持力度四个模块，其中每个问题都附有5个回答选项，分别是：完全不符合、比较不符合、一般符合、比较符合、完全符合。请您选择一个您认为最相符的答案，并在相应位置打钩（√），或做明显记号。

本人承诺本调查只用于课题研究，绝不泄露您个人或者贵单位的秘密。在此对您的大力支持表示衷心感谢！感谢您百忙之中抽空填写本问卷，谢谢！

2016年1月15日

第一部分：填写表格（在您认为最相符的答案上画钩）

问题	完全不符合	比较不符合	一般符合	比较符合	完全符合
一、创业人文氛围					
(1) 您所在的城市，大众的创新创业意识比以往强烈很多					
(2) 您所在的城市，经常能听到或看到周围创业者成功的故事					
(3) 您所在的城市，本市文化鼓励创造和创新					
(4) 您所在的城市，本市文化鼓励创业冒险					
(5) 您所在的城市，民众对创业都有极大的热情					

续表

问题	完全不符合	比较不符合	一般符合	比较符合	完全符合
一、创业人文氛围					
(6) 您所在的城市,公众对创业行为的认可程度很高					
二、市场开放程度					
(7) 您所在的城市,新公司能很快进入市场					
(8) 您所在的城市,市场进入成本低					
(9) 您所在的城市,成熟公司不会设置阻碍新公司进入市场的壁垒					
(10) 您所在的城市,进入市场具有较高的自由度,限制性进入的行业不多					
三、创业教育投入					
(11) 您所在的城市,高校创业教育得到学校领导重视					
(12) 您所在的城市,高校开设有相关创业课程					
(13) 您所在的城市,高校设有创业孵化基地					
(14) 您所在的城市,高校创业导师的素质与数量在提高					
(15) 您所在的城市,高校会定期组织学生参与创业挑战赛					
(16) 您所在的城市,人们对挖掘传统文化并转化为商业活动的扶持政策感到满意					
(17) 您所在的城市,人们对高等院校为创办企业和新企业成长提供的教育感到满意					
四、政府支持力度					
(18) 您所在的城市,行政审批效率提高很多					
(19) 您所在的城市,政府对创业贷款担保的扶持力度大					
(20) 您所在的城市,政府组建的创业交流平台认可度高					
(21) 您所在的城市,人们对保护创业者权益的法规与执行情况感到满意					

麻烦您在填写以下问卷之前填写好基本信息:

性别_____所在城市_____单位性质_____(行政机关、企事业单位、个体工商户、学生及其他)

第二部分：您的意见

1. 在您看来，限制本市创业活动（包括个人创业和公司创业）的因素有哪些？

2. 在您看来，最需要在本市采取哪些行为改善创业活动（包括个人创业和公司创业）？

经济新常态下江西省创业环境评价表(专家评价)

尊敬的专家:

您好!请您就江西省总体及各地相对应的各指标目前所处水平给予评价,评价等级分为:优、良、中、差。在此诚挚的感谢您!

一级指标	二级指标	三级指标评价	江西省				南昌市				赣州市				吉安市				九江市				抚州市				鹰潭市				萍乡市				景德镇市				上饶市				新余市				宜春市			
			优	良	中	差	优	良	中	差	优	良	中	差	优	良	中	差	优	良	中	差	优	良	中	差	优	良	中	差	优	良	中	差	优	良	中	差	优	良	中	差	优	良	中	差	优	良	中	差
经济新常态下创业环境评价	基础测量	人均GDP																																																	
		人均可支配收入																																																	
		固定资产投资增长率																																																	
		全社会运输周转量																																																	
		互联网宽带用户数																																																	
		商业服务业设施用地																																																	
		创新意识																																																	
		创业宣传力度																																																	
		公众对创业的认可度																																																	
		反垄断法有效程度																																																	
		新企业进入成本																																																	
		成熟企业设置的进入壁垒																																																	
	投入测度	人均公共教育支出																																																	
		高校创业教育活跃程度																																																	
		高校创业导师满意度																																																	
		专利申请授权量																																																	
		科技活动人员数																																																	

续表

一级指标	二级指标	三级指标 评价	江西省				南昌市				赣州市				吉安市				九江市				抚州市				鹰潭市				萍乡市				景德镇市				上饶市				新余市				宜春市			
			优	良	中	差	优	良	中	差	优	良	中	差	优	良	中	差	优	良	中	差	优	良	中	差	优	良	中	差	优	良	中	差	优	良	中	差	优	良	中	差	优	良	中	差	优	良	中	差
经济新常态下创业环境评价	投入测度	R&D内部经费支出额																																																		
		行政审批效率																																																		
		创业贷款担保扶持力度																																																		
		创业交流平台搭建认可度																																																		
		公共财政预算支出额																																																		
		金融业贷款余额比重																																																		
	成果测度	私营企业增长数																																																		
		私营企业产值占工业总产值比重																																																		
		私营企业人均实现工业增加值																																																		
		第一产业固定资产投资增长率																																																		
		第二产业固定资产投资增长率																																																		
		第三产业固定资产投资增长率																																																		

第二篇

代际关系与创业决策

第六章 代际关系与创业决策研究综述

第一节 研究背景

根据国家工商总局 2016 年第一季度公布的经济数据表明，全国新增加的市场主体达到 301.1 万户，与 2015 年同期相比，增长了 10.7 个百分点。其中，企业有 106.3 万户，与上年同期相比，增长了 25.9 个百分点，平均每日新增加 1.17 万户；企业注册资金总额达到 8.4 万亿元，与 2015 年同期相比，增长了 72.9 个百分点。个体工商户 187.8 万户，增长了 3.2 个百分点，资金数额 0.2 万亿元，增长了 9.9 个百分点。农民专业合作社 7 万户，增长了 25 个百分点，资金数额为 0.2 万亿元，增长了 20.6 个百分点[1]。在"大众创业、万众创新"的大环境下，创业已然成为当前社会的热点，国家和政府鼓励大众积极创业。在大众创业队伍中，有一个群体，他们父辈是创业者，已经有一定的创业实战经验，父辈创业资源对他们的创业决策到底有什么样的影响？通过什么样的机制进行影响？值得深入探究。

目前，学者多集中于企业的代际创业问题，对于代际创业问题中父辈创业对后代创业影响，学者们之间存在不同的观点。如 Laspita（2012）和 Hoffmann（2014）研究父母榜样对后代创业意愿的影响，发现父亲（母亲）创业对后代创

---

[1] 国家工商总局 2016 年第一季度数据发布会 [EB/OL]. http://www.saic.gov.cn.

业愿意影响很大，而 Lumpkin（2008）发现，如果代际关系不和睦，家族凝聚力会下降，父母参与过少，后代更易发生跨代创业行为。朱红根（2014）对江西农民创业数据分析得出，父母有创业经历的农民，其自己创业的可能性更大。吴炯等（2015）研究发现，后代政治关联对其创业有明显的促进作用，父辈政治关联则无显著影响。Starroula 和 Nicola（2009）指出，父辈创业与后代创业意愿有着重要关系，如果前辈创业绩效不高，可能会抑制后代创业意愿。徐悦（2014）指出许多小微创业者，由于创业艰辛、创业绩效不高，使得他们对创业认知出现负面情绪，这将影响后代创业决策，有的父辈创业者甚至反对后代创业。因此，笔者认为，父辈创业对后代创业的影响比较复杂，需要从影响机制方面来进行分析。

本书基于"情景—认知—决策"的思路，通过构建模型，提炼出父辈创业情景下的三大要素，即父辈创业精神、父辈社会网络以及父辈创业经验，并通过引入后代创业认知这一中介变量，进而影响后代创业决策。为探索父辈创业对其后代创业决策的影响机制提供重要思路，打开父辈创业对后代创业决策影响机理的"黑匣子"，并试图解释学者们对代际创业机理存在的争议，完善代际创业研究，丰富代际传承理论，以期为代际创业的研究提供进一步的参考。

本书通过提炼出父辈创业情景下的三方面要素，即父辈的创业精神、父辈的社会网络以及父辈的创业经验，并通过构建模型尝试打开父辈创业对后代创业决策的影响机理的"黑匣子"，本书具体意义如下：

一、理论意义

创业不易，父辈创业的后代们需要创新、坚守和传承。

（1）本书基于"情景—认知—决策"的思路以及创业认知理论和创业决策理论，构建父辈创业情景下的三个相关变量对后代创业认知以及创业决策影响的概念模型。

（2）研究父辈创业精神、父辈创业社会网络以及父辈创业经验对后代创业决策的作用机理，深化代际创业问题的研究，丰富了家族企业代际创业的相关理论。

（3）探讨父辈的创业情景对后代创业决策的影响，为创业研究者提供了研究新生代创业问题的新的动态研究视角，以期更好地解释父辈创业情景对后代创业的影响,丰富代际传承、代际创业以及创业决策等相关理论。

二、实践意义

(1)这些创业者属于创二代,如果他们在创业过程中能够承接好上一代的资源、社会网络、创业经验,能够在父辈创业的基础上创业,将有利于推动创业进入一个新的起点,促进创业质量的提升,促进产业的转型升级。

(2)创二代在创业过程中如果能得到正确的引导,对其创业成功具有积极作用。社会上有很多报道说创业艰辛、风险大、失败率高,如果我们能够探索父辈对后代创业传承的机理,构建创二代承接创业培养的机制,将有利于对创二代进行培养,从而提高创业成功率。

第二节 代际关系与创业决策研究综述

一、父辈创业情景的相关研究

(一)父辈创业情景内涵及要素提炼

早期就已经有相关研究证实了父辈创业对后代创业选择具有重要影响。Van Winden(1989)和 De Wit(1993)等学者将父亲是否为自雇或雇佣等不同工作形式作为个人自雇倾向的替代变量,均指出父母自雇对子代的自雇选择有显著的促进作用。Laferrère 和 Mc Entee(1995)对法国大样本微观数据的分析发现,家庭在影响个体是否创业中扮演了举足轻重的角色,并指出家庭内部结构也会对个人是否从事创业产生影响。Fairlie 等(1999)通过对美国移民创业代际传递的研究指出,如果父辈具有创业经历,移民自己则更有可能去创业,且在不同种族的移民之间创业代际传递情况存在迥异。Yodcl 等(2001)指出,家庭的影响对年轻人的职业发展意向至关重要。Hundley(2006)指出家庭经济状况、父辈创业背景以及父辈职业背景都会显著影响着后代的创业行为。李新春(2015)指出,年轻的一代往往比父辈有更高的学历和国际视野，他们迫切需要证明自己的能力，在父辈创业的基础上，鼓励后代采用组合创业的方式"另创领地"。Paul J. Woodfield（2012）指出，创业家族企业可以持续跨代创业通过促进知识共享，采取适当的创业导向，并明确意识到自己的资源能力。Matthew J.和 Lindquist（2012）利用瑞典相关创业数据研究创业的代际传递过程，得到父母创业对自然和培养创业再生产从一代到下一代的重要性。

父辈创业情景下，家庭资源是否会影响后代的择业选择，以及如何影响，学者们对此观点不一。通过对不同学者研究的分析，提炼出父辈创业对后代创业的研究要素，如表6-1所示。

表6-1 关于父辈创业情景研究汇总

学者	研究内容	变量名称
Blanchflower 和 Oswald（1998）	父母是否具有创业经历是衡量后代是否能够获得财产性收入的重要标志，并指出父母的自雇行为能够正向影响后代能否获得遗产或继承性财产	父辈收入
Le Anh（1999）	父母创业后，子代会将父母创业视为个人继承的财产收入，并趋于模仿和追随父辈的创业模式	父辈收入 父辈创业经验
Dunn 和 Holtz-Eakin（2000）	家庭金融资本及非正式人力资本都对代际创业传递有显著影响	父辈收入 父辈人力资本
罗森（2000）	通过对美国的非洲裔与拉丁裔的创业代际情况的分析，发现当父辈具有创业经历，如果后代选择自雇，能够节约很大的时间成本。如若父亲一直从事着自雇行为，他传递给后代都是具有实践指导性的知识	父辈创业经验
Politic（2005）	后代向创业者转变的过程中，可能存在两个问题：一是发掘创业机会。如寻找可信赖的供销商、发现活跃的市场及获得竞争性资源等（社会网络）；二是克服创业的脆弱性。如运营时间短，经验不足等问题（创业经验）。这两个问题都可以从父辈创业那儿得到解决	父辈社会网络 父辈创业经验
Hundley（2006）	父辈将自身创业的技能和价值观传递给后代可以帮助后代更好地选择创业，同时家庭的经济状况也会影响后代是否做出创业决策	父辈创业经验 父辈创业精神
Dunn T.（2007） Shane S.（2010）	学者们认为创业倾向的代际传递可以分为三种途径：①财务途径，即后代可以通过继承父辈资源来获得创业资本；②人力资本途径，即可以通过在家族企业实习积累创业所需的人力资本；③偏好途径，即可能通过遗传或社会化继承创业偏好	父辈创业资源 父辈人力资本 父辈创业精神
陈文婷（2011）	从资源的角度来看，家族内部信息的异质性为后代成为创业者提供了可能	父辈创业资源
陈寒松（2011）	后代创业精神的培养和教育开展得越早，越有利于实现创业精神的传承，有利于企业的发展	父辈创业精神

续表

学者	研究内容	变量名称
Pasquier Doumer（2012）	发达国家与发展中国家的代际创业行为不同：发展中国家的父辈拥有非正式的创业行为时，后代在工资方面并无优势，并指出在家庭代际经营过程中，传递了人力、信誉、顾客源等社会资源	父辈人力资本 父辈社会资本
陈小燕（2013）	父辈创业精神的传承应该得到重视，应该积极鼓励后代参与相关的创业实践，从而有助于创业知识的积累，更有助于创业精神的代际传承	父辈创业精神
朱红根（2014）	对农民创业的代际分析发现，父母的创业经历对后代创业选择有显著影响，且父辈与子代在同行业有较高概率的创业倾向。父辈创业者能通过传递自身的创业资本来减轻后代创业经济压力；后代通过对父母创业过程中的接触和了解，学习更多的创业管理经验，从而更可能参与创业行为	父辈创业经验 父辈人力资本
Lindquist 等（2015）	不论家庭内部是否具有相关资源的代际传递过程，只要父亲或母亲有创业经历，就会在一定程度上影响子女的创业选择	父辈创业经验

本书对父辈创业情景的定义较为宽泛，父亲或者母亲只要经历过创业行为即为父辈创业，创业行为小到摆地摊，大到开公司、办企业。根据以上文献研究，本书提炼出父辈创业情景下的三大要素：父辈创业精神、父辈社会网络、父辈创业经验，其中父辈社会网络要素包括父辈收入、人力资本、社会资本。

（二）父辈创业情景三大要素界定

1. 父辈创业精神

创业精神一直是创业研究的重点。Holcombe R. G.（1998）指出，创业精神本质上是在动态变化的环境中识别并抓住机会，同时加以有效利用的能力。Zahra 等（2006）指出，创业精神将有助于企业识别、利用机会，并通过有效的组织，重塑资源或内在特征来开发能力，同时也有助于创业过程中动态能力的形成。Li Y. 和 Wei Z.（2010）指出，创业精神是规避企业部分缺陷来增强企业在市场中的学习和知识获取的一种能力。Wales 等（2013）认为，创业精神对企业获取、吸收、转化和利用新知识产生影响，进而对其作用机制产生调节作用。蒂斯（2012）指出，创业精神的重中之重在于对机会的感知、问题的理解、趋势的识别、资源和组织系统的重新塑造。

综上所述，结合蒂斯等学者对创业精神的界定以及父辈创业情景，父辈创业精神是父亲或者母亲在创业过程中表现出来的人格魅力，是一种具有市场敏感、冒险精神的表现。

2. 父辈社会网络

在创业过程中，因为时间、精力和资金的限制，创业者通过以血缘、信任为基础的亲朋好友和基于利益关系的竞争对手、供应链利益关系者等获取创业相关信息和资源，这些人在创业者创业的不同阶段都发挥着重要作用并不断演化。根据卡莱、安德森等学者的观点，社会网络包括来自家庭外部和内部的社会网络。对于创业父辈的内外部社会网络来说，家庭是创业者获取创业物质支持和情感支持的一个重要来源，家庭内部成员可以为创业者提供创业所需的物质资源、劳动力、提供情感支持甚至帮忙寻找外部支持等。又由于血缘关系，家庭成员会全心全力地帮助创业，并认为自己有责任去帮助创业企业的发展。Greve 等（2003）认为，一般情况下，创业者不仅从家庭中获取创业所需的人力、物力、财力等资源，还需要从外部社会网络中获取创业相关信息、资金和人力资源等。Shane Scott（2000）指出，创业者的社会网络是指创业者与社会所构成的社会关系网络，是社会成员之间因互动而形成的比较稳定的关系体系，创业者社会网络对创业者选择进入行业至关重要，且创业者能否开发和利用创业机会会受其社会网络支持与否的影响。

结合以上学者对创业者社会网络的界定以及创业者的相关情况，父辈社会网络是父亲或者母亲在创业过程中的资金收入、人脉资源、社会资本以及创业过程的相关信息资源。

3. 父辈创业经验

相关研究指出，创业者拥有创业经验的历史可以追溯到欧洲工业化时期。MacMillan（1896）指出，创业经验是指创业者根据以往创业经历获得的感性或理性的观念、知识及技能等，均统称为"创业技能"。创业经验主要来源于创业者的创业经历，依赖于创业情景和具体创业案例的实践。创业者通过对以往创业经历归纳总结，对创业知识的原始积累，可以得出自身独一无二的"创业经验曲线"。Reuber（1990）指出，创业经验是指创业者通过直接或间接观察、参与创业活动中所积累的知识、技能、观念。祁伟宏等（2017）将创业者经验定义为创业者通过直接或间接参与创业活动而获取的知识、技能、观念等的总和，创业者经验是创业者进行创业学习的来源，丰富的创业经验能够提高创业者创业水平。Farme（1993）指出，创业者先前积累的经验会对其创业认知产生影响，先前经验为创业者提供了信息，创业者通过信息加工形成自身独特创业认知，从而影响创业者对创业机会的识别。

结合以上学者对创业经验的界定以及父辈创业情景，父辈创业经验是父亲或者母亲凭借以往的创业经历，总结出来的知识、信息、理念及技能，并且能很好地在创业过程中得到运用。创业者创业经验越丰富，接触到有价值的信息越多，越有利于创业者完善自身知识结构。

（三）父辈创业情景三大要素的维度与测量

通过对父辈创业情景下的三方面的影响要素的提炼，下面对这三大要素进行维度与测量分析。

1. 父辈创业精神

不同学者对创业精神的构成维度有不同的见解，具体如表 6-2 所示。

表 6-2 创业精神的维度描述

学者	维度（说明）
Miller D., Friesen P. H. (1983); Morris M. H., Davis D. L. (1994)	创新性：研发具有独特性的产品或服务 冒险性：愿意尝试，哪怕会遇到很大的失败，也能勇于承担 主动性：在面对困难时自发解决问题的能力
Covin 和 Slevin（1989）	创新性：个体产生新奇独特的、有社会价值的能力或特性 先动性：个体预期到未来的可能变化而采取的行动 风险承担性：个体投入大量创业资源且愿意承担的最大的风险
Stormer 等（1999）	成就需要：个体喜欢通过自己的努力解决问题 自治性：个人从构思到实现过程中的自我导向行为 风险承担性：个体愿意将为创业活动承担的风险程度 创新性：个体产生新奇独特的、有社会价值的产品的能力
王辉（2011）	创新精神：不墨守成规，用创新的视角、创新的方法处理事务 冒险精神：承担风险，接受挑战并能承受环境中的各项不确定性因素 勇于实践：敢想敢做，善于把好的想法付诸实践 机遇敏锐：能够敏锐察觉身边的机遇，时刻做好准备

鉴于目前关于创业精神的测量方式在学术界尚未达成统一，结合父辈创业情景的现实，为方便研究，本书将父辈创业精神作为一个整体变量进行测量，所采用的量表借鉴 Stormer 等（1999）的成熟量表，同时再结合本书的具体情况进行

适当修改。

2. 父辈社会网络

创业者社会网络不是一种物理空间,而是嵌入创业实践活动中,有规范的知识创造与知识、资源共享的学习空间。构建了创业者与企业运行相关的成员所组成的网络即"学习网",是一种创业者社会网络中"以自我为中心"的子集网络。学者们对社会网络的维度研究如表6-3所示。

表6-3 社会网络的维度描述

学者	维度（说明）
Greve 和 Salaff（2003）	网络规模：个体所能接触到的网络成员的数量 网络异质性：网络个体之间不同的属性或特征 关系强度及信任：网络个体之间的相互信任程度
Tan（2009）	社会网络异质性：引起个体与他人不同感知的属性或特征 社会网络规模：网络中所包含的个体数量 社会网络密度：网络成员之间相互联系的紧密程度 社会网络联系强度：网络成员之间相互联系的强度
Aldrich 和 Zimmer（1989）	密度：联系的存在和强度 可达性：两人之间直接或间接联系的路径的存在 中心度：在一个网络中心可以到达所有其他个体的总的距离

在父辈创业情景中,父辈社会网络也只是其中的一个方面,为方便研究,本书将父辈社会网络作为一个整体变量,其测量的量表则借用 Ostgaard 和 Birley（1994）、Watson（2007）成熟量表,再结合父辈创业的情景进行适当的修改。

3. 父辈创业经验

随着创业经验的不断研究发展,学者们对创业经验的测度也在不断改变和进步,如表6-4所示。

表6-4 创业经验的测量研究汇总

学者	研究内容
Stuart 和 Abetti（1991）	探究创业经验和其他经验对新企业成功的影响,结合新企业的特点,对创业经验进行测量
Chandler（1997）	主要是借鉴了公司招聘的流程和方法,结合调查问卷、模拟案例和具体实验等方式,从流动经验的角度对创业经验进行测量

续表

学者	研究内容
Mitchell (2002)	基于认知心理学理论，结合专家信息过程的研究方法，综合对创业者主观的、客观的经验进行测量
Delmar (2007)	克服先前研究中测量创业经验的样本和数据的局限性，分类对创业经验进行测量，从而研究其对企业绩效的影响
Hsu (2008)	通过对创业经验特别是对成功的融资经验的测量，探究创业经验是否能提高获得风险投资以及较高股价的概率

结合以上学者对创业经验的测量分析，笔者将父辈社会经验作为一个整体来测量，量表借用了安宁和王宏起（2011）、孙晨（2013）的量表，再结合父辈创业情景做适当修改。

二、后代创业认知

（一）创业认知概念界定

认知是指个体在获得知识、理解问题时的思维过程，是大脑所具有的高级语言功能。费斯克和泰勒于1984年从社会认知层面指出，认知是一种能够通过对新信息的加工处理，并以固定思维方式进行理解、评价的能力。米特切尔等（2000）指出，创业认知是一种特殊的思维模式，并以"脚本"的形式影响着决策的制定。Lord 和 Masher（1991）、Walsh（1995）指出，脚本就是指知识结构和架构，也就是说，脚本就是个体拥有的可以迅速理解复杂信息的知识结构。Busenitz（2002）认为，创业认知是创业者运用简化心智模式，利用过去信息，发掘商业机会，创造新的产品或服务所获得的有价值资源。倪锋等（2007）指出，个体的创业认知是创业者经历创业感受到的心理过程、是接受与评估创业信息的过程、是应对和处理问题的过程、是预期和计算创业风险和结果的过程、是认识与理解创业行为的过程。李雪灵（2009）利用认知开创新企业所具备的独特心理及知识结构。张秀娥等（2012）将创业认知定义为创业个体用来评价创业机会、创建企业的知识结构。

综上所述，本书倾向于米特切尔等学者对创业认知的界定：创业者分析、评价、归纳总结各种各样信息的认知过程，使创业者在识别和发展机会、创业认知思维、推理过程中进行创业决策。

(二) 创业认知研究现状

从1976年科米吉斯研究创业者认知迥异问题开始，学者们开始更多地去研究和关注创业的认知。Bandura（1977）提出了三元交互决定论，该理论主要是从环境、认知、行为三者的互动关系角度，考虑人的认知发展及其行为的表现。Fishbein和Ajzen（1991）基于个体对于行为结果、态度、行为、社会规范的认知提出了计划行为理论。Forbes（1999）指出，创业活动包括创业前准备和创业后总结两个阶段，并深入研究创业活动中的创业认知行为。班杜拉（2001）指出，社会认知理论中人具有能动性。克鲁格尔（2007）研究创业行动过程发现，态度影响创业意愿，创业意愿影响创业决策，在这个过程中，创业者深层创业认知结构能够影响态度，从而影响创业行为。徐小洲等（2010）通过研究创业自我效能、他人评价以及外在评价感知对创业认知的影响，得出创业认知的三个维度，并利用大学生创业进行实证研究。丁明磊和刘秉镰（2009）指出，创业认知风格外在表现为个体的认知结构及认知过程，创业者的信息偏好对创业个体的认知风格有一定的影响，进而影响创业者决策过程。陈昀等（2012）基于三元交互决定理论以及认知模式假设和效果推理假设，指出创业认知是与个体、行为、环境三者之间相互影响、相互作用的过程，并依据创业认知、创业自我效能感、创业意愿之间的关系提出了创业认知研究分析框架。

综上研究发现，有两类关于创业认知的研究：一类是通过与外界环境接触，获取相应的外界信息，从而具有确定机会必需信息的认知能力；另一类是通过创业者意愿，具备识别发展机会所必需的认知属性，可以通过态度等认知特征影响创业的认知过程。

(三) 后代创业认知的维度与测量

随着社会认知理论的广泛运用，特别是进入创业领域形成了创业认知，很多学者对创业认知的维度也进行了较详细的研究，在不同的视角下，创业认知被不同的学者划分为不同的维度，但是都没有脱离创业认知的实质。表6-5即为不同创业学者对创业认知维度的不同划分。

表 6-5　不同学者对创业认知维度的划分

学者	维度（说明）
施耐德（1993）	认知结构：蕴含者装载的知识 认知过程：知识吸收和转化过程 认知风格：个体在认知过程中的行为方式
布森尼兹和巴恩（1994）	认知图式：概念性对信念的描述 偏差启发式：存在认知偏差的理解形式
米特切尔（2000）	创业准备脚本：创建新企业所需要的资金、人际网络等的准备 创业意愿脚本：勇于实践创业行为的思维结构 创业能力脚本：创业个体自身创业能力所形成的知识结构
刘忠明等（2003） 倪锋等（2007）	认知结构：创业者在创业过程中形成的对认知主体的认知模式 认知过程：创业者对知识的吸收、转化及运用的过程
苗青（2007）	认知图式：创业者能够识别创业机会的敏感程度 认知基础：创业者所拥有的创业知识情况 认知风格：创业者对创业知识学以致用的方法

综上表明，创业认知可以从认知的角度对其维度进行划分。本书认为，父辈创业可以影响后代创业的意愿以及后代创业的能力，在参考 Mitchell（2000）维度划分的基础上，本书将后代创业认知划分为创业准备认知和创业能力认知。创业准备认知是包括创业者创业意愿在内的对人力资本、信息资源、资金等各种创业资源的利用，而创业能力认知是由个体因素组成的知识结构，即技能、知识等。

三、创业决策

（一）创业决策概念界定

创业决策是一个从创业者产生创业意愿到识别相关创业机会，最后制作出创业方案的不断演进过程，也是创业者在制定商业计划的前提下，对多种方案进行风险和收益评估而做出选择的过程。简而言之，就是个体发现创业机会后是否开发利用该创业机会的抉择。Busenitz l. W.（1999）将创业决策定义为创业者识别创业机会后，所做出的具有高风险性及过程性的取舍选择。Shane（2003）分析农民创业决策后指出，农民创业决策是指已发现创业机会的农民，对于是否利用该创业机会而做出的抉择。Mcmullen 和 Shepherd（2006）基于创业过程理论，将创业行为划分为创业计划、创业决策、创业激励、创业合作，是创业个体根据商业计划，做出是否进行正式创业决策的行为。

过程论的学者代表樊少华（2007）认为，认知过程是创业个体做出创业决策的关键要素，由此，对认知过程的研究在很大程度上可以帮助学者理清创业个体与创业行为之间的作用机制。唐靖（2007）认为，创业决策的主要目的是评鉴识别机会的有效性和创业行为的可行性。在对农民工创业群体进行研究的过程中，周晓丹（2010）发现，农民工创业行为具有较大的随意性，这一定程度上引申出创业决策具有较强的不确定性，进而有助于研究者分析该群体的创业出发点。

综上所述，目前学者对创业决策的定义主要基于狭义角度，因此，本书也从狭义的角度研究后代创业决策，即指创业者为了达到某种特定的目的或实现某种愿景而决定是否在新的领域开展创业活动的过程。

（二）创业决策研究现状

1980年之后，学者对创业的研究渐渐越来越多，目前关于创业决策研究主要集中于：①创业决策过程，如：Alvarez（2001）指出，创业者偏向于通过启发性方法制定创业决策，并分析了创业者创业决策的思维过程。Pech 和 Cameron（2006）基于创业机会识别以及创业信息处理的视角，提出了创业决策过程模型。秦志华等（2015）指出，创业行动建立在创业决策的基础之上，而创业决策是指在面对不确定性商业风险和机会时为谋求收益而决定是否进行资源投入的过程。②创业决策的影响因素，如：Rauch 和 Frese（2007）指出，创业者的创新性、冒险性、压力承受等都直接影响创业者的创业决策。Politis 指出，创业者的职业经历对创业决策具有直接作用。Boyd 和 Vozikis（1999）指出，创业个体自我效能感通过影响创业者的态度和意愿，进而影响创业决策过程。Keh（2002）基于认知角度，发现过于自信、控制幻想等个人特质都能影响创业决策。Mullins（2000）指出，个体的风险感知、风险识别等都能影响创业个体的创业决策。

（三）创业决策的维度与测量

对于后代创业决策，本书重点关注的是后代是否进行创业决策，可以没有创业行动，但要有创业意愿。本书将后代创业决策作为一个整体变量进行测量。量表设计主要借鉴了胡桂兰（2013）、Simon（1999）、Talanlicar（2005）等设计的创业决策的测量量表，并根据本书关于后代创业的具体情况对测量量表进行了一定的修正，得出最终的测量题项。

第三节　研究假设与模型构建

一、研究假设

（一）父辈创业情景下的相关关系

研究发现，企业家能力越高、越自信，越能激发其从事创业的动机，并为此扩展自己的创业社会网络，丰富自己的创业活动，增加自己的创业经验。

Aldrich 和 Zimmer（1985）指出，社会网络能够鼓励和支持创业活动。1986年，他们将网络理论引入企业家创业过程，他们强调创业主体或企业家是根植于社会网络中的。肖建忠与付宏（2005）指出，创业需要依赖外部提供生存甚至成功的机会与资源，许多商业机会和创业资源都是在创业个体社会网络关系（家庭、朋友）中挖掘的，甚至可以说网络关系已成为发现机会、获取外部资源的重要桥梁，所以创业机会更多通过社会网络作用于创业精神。Venkataraman S.（2000）指出，除深厚的市场与技术知识外，社会交往中发现的机遇是创业机会的重要来源。创业者个人社会关系网络对创业者选择进入的行业起至关重要的作用，且相关关系网络支持与否影响创业者是否利用创业机会。个人社会网络能在一定程度上增强创业者抵抗创业风险的信心和能力。

创业经验影响资金资源和社会网络资源获取及整合过程。另外，由于社会网络中的个体从事的都是相近的创业活动，在这样的创业活动中相互之间易于学习，实现不同市场信息和资源的共享，有利于间接获取创业经验，从而更容易获取创业机会。所以创业精神、创业社会网络、创业经验之间具有相互促进关系。基于以上分析，提出以下假设：

假设1：父辈创业精神与父辈社会网络之间相互促进。

假设 2：父辈创业精神与父辈创业经验之间相互促进。

假设 3：父辈社会网络与父辈创业经验之间相互促进。

（二）父辈创业情景与后代创业认知

通过文献研读发现，父辈创业能够促进后代对创业的认知。易才集团创始人李浩指出："中国的创业者，除了需要创业资金和人脉关系之外，最重要的是要有专业经验，而这必须要通过专业的创业指导才能获得。"本书从父辈创业精神、父辈社会网络、父辈创业经验三方面出发，探究父辈创业情景对后代创业决策的影响，进而系统地阐述从父辈创业到后代创业的传承过程。在这过程中，基于情景—认知—决策的思路，引入了后代创业认知这一中介变量。创业家族企业通过促进知识共享，采取适当的创业导向，并明确意识到自己的资源能力可以实现持续跨代创业。

1. 父辈创业精神与后代创业认知

中央电视台对大学生关于中国创业者所面临的创业环境的调查结果显示，大学生创业最大的困难在于缺少启动资金，此外依次困难表现为缺乏专业经验和没有人脉关系等（屈丽丽，2012）。《中国经营报》对二代接班人的采访发现，后代耳濡目染的是父亲创业精神，父辈坚韧、执着以及对客户的重视所表现出来的创业精神深深感染着后代，对于父辈资源的消化吸收甚至利用却需要更多的时间。李新春（2006）指出，企业家精神对于企业发展具有重要影响。何轩等（2011）指出，创业精神是企业家的灵魂，具有创业经历的父辈通过言传身教，让后代跟随自己在新的企业中不断接触和学习创业知识，用自身的创业精神指引他们。父辈的创业精神更多的是影响后代对信息及资本等各种创业资源的利用，是一种精神力量，而不能直接影响后代自身能力，所以本书认为，父辈创业精神主要是对后代的创业准备认知产生影响。综上所述，本书提出假设：

假设 4：父辈创业精神对后代创业准备认知具有促进作用。

2. 父辈社会网络与后代创业认知

根据社会网络理论，由于创业者与其网络成员之间存在一定的信任机制，这种机制能够保证组织内的个体能够通过相对低廉的成本获得网络中所需的信息和资源，这无形中拓展了创业个体的渠道。修斯等（1997）的研究表明，被调查者中大多数创业个体基本都会通过各式各样的社会网络组织获取其所需的资源,进而提高其被识别概率,且在很大程度上,创业个体能否获得较好的识别机会取决于该组织的规模大小。赛因(2000)的研究同样指出,社会资本取得的数量和质量能够帮助创业个体获取其识别机遇所必需的信息和资源。安德森和弥勒(2003)也认为,在创业个体识别创业机会过程中,其行为结果受到了该个体所拥有的网络资源的影响。张玉利等(2008)认为,创业机会的识别是创业者与外部环境相互作用的结果,同时创业者社会网络越大,越有可能接触到丰富多样的信息,信息能够连接创业者与创业机会,进而提高识别创新性的机会,创业者所嵌入的网络规模越大越有助于发现创新机会,越有可能提高其创业认知。李新春等(2008)基于过程观分析家庭因素对创业机会识别、资源获取及动态竞争优势的影响。刘兴国(2009)指出,创业者社会网络是其获取创业机会的可靠来源,个人社会资本存量能够显著影响潜在创业者机会的发现、评估及利用,机会的识别与利用。

因此,整合并利用父辈社会网络,加强对其资源的利用,可以帮助后代有效地减少因为不确定信息造成的风险,还可以完善信息传递,从而提升后代自身创业综合认知。综上所述,提出以下假设:

假设5:父辈社会网络对后代创业准备认知具有促进作用。

假设6:父辈社会网络对后代创业能力认知具有促进作用。

3. 父辈创业经验与后代创业认知

创业经验是指通过直接观察或参与创业活动而获得的一些指导性信息,创业经验为创业个体提供隐性创业知识,有利于创业个体在创业机会和风险不确定以及时间有限时做出较为合理的创业决策,通常被视作最有效的创业学习衡量指标。创业者通过总结父辈的创业经验,可以实现创业知识的整合,从而加强创业认知。Venkataraman(1997)和 Shane(2000)强调创业者独特的经验知识对机会识别至关重要,具有创业经验的创业个体比没有经验的个体更易发现创业机会。Ardichvili(2003)构建机会识别和开发过程模型,指出创业者人格特质、先前经验、社会网络等通过作用于创业者感知而影响创业机会的识别。

本书认为,父辈创业经验如同个体自身先前经验可以通过言传身教等方式,加强后代对创业经验的获取及对创业技能的熟练，从而影响后代创业认知。综上所述，本书提出以下假设：

假设7：父辈创业经验对后代创业能力认知具有促进作用。

（三）后代创业认知与创业决策

创业决策过程是一个存在启发式认知、认知偏差的过程，是多种认知偏差所促成的非理性过程。早在1988年，Bird就指出，创业个体的决策依靠同创业者感知以及创业意愿能够较为准确地探知该个体的创业决策活动行为，并强调创业感知在决定个体是否开展创业活动中具有重要作用。同样地，步森尼特和罗尔（1996）所建立的创业决策跨文化认知模型和米特切尔（2000）所建立的创业决策模型均支持了创业认知对创业决策行为有显著的正向作用。西蒙和安坤尹（2000）研究表明，创业个体的认知能力、认知偏差都会左右个体收集、处理、应用创业决策信息的行为和动机，同时创业个体的创业风险评估以及看待创业结果的重视程度能够促进或者阻碍创业个体的创业决策，这与创业个体的个人特质有关。Shepherd和Detienne（2005）指出，个体在创业认知过程中识别创业机会是个体做出创业决策的前提条件。郭群成（2011）的研究同样证明了返乡农民工的创业决策意愿属于不确定性风险和无法预知收益的决策行为，他们对外界环境及创业机会的认知会影响他们的创业决策。

综上所述，本书认为，后代创业认知会对后代创业决策有影响。从后代创业认知的两个方面看，后代的准备认知越多，后代创业能力认知越强，后代越容易产生尝试创业的想法，更容易进行创业决策。因此，本书提出以下假设：

假设8：后代创业准备认知对后代创业决策具有促进作用。

假设9：后代创业能力认知对后代创业决策具有促进作用。

二、研究模型

综上分析，本书构建了父辈创业情景对后代创业决策影响的概念模型，如图6-1所示。

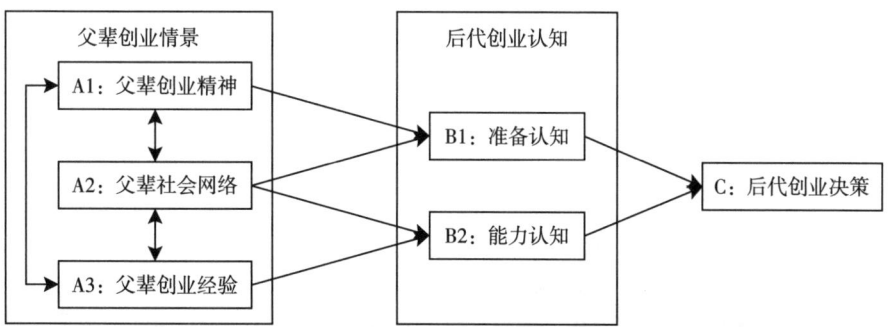

图 6-1　基于假设的父辈创业情景对后代创业决策影响的概念模型

第七章　父辈创业情景和后代创业认识、创业决策因子分析

第一节　量表设计

本书选取问卷调查研究的方法收集相关数据。量表共分为四个部分。第一部分：被测的个人基本情况。包括被测的性别、年龄、学历、创业与否、父辈创业与否及父辈创业次数、行业、时间等相关信息。第二部分：对父辈创业情景的了解。第三部分：着眼于后代创业认知。第四部分：对后代创业决策的调查。研究设计的量表的每个题项均采用李克特 5 级量表，1 表示"完全不符合"，2 表示"不符合"，3 表示"不确定"，4 表示"符合"，5 表示"完全符合"。

一、父辈创业情景下的三大要素量表

本书将父辈创业情景中父辈创业精神、父辈社会网络、父辈社会网络都单独作为整体变量，基于前辈学者的成熟量表再结合父辈创业情景的实际情况进行情景化修订，得出父辈创业情景下的三大要素的具体量表，如表 7-1 所示。

二、后代创业认知量表

本书对后代创业认知的维度划分主要参考米特切尔（2000）的维度划分，在结合本书对象实际情况的基础上，选取了"准备认知"和"能力认知"这两个维

表 7-1 父辈创业情景下父辈创业精神、社会网络、创业经验量表

变量	序号	题项	量表来源
父辈 创业精神	A11	我父亲（母亲）总是优先寻求的新市场、新信息和新知识	Stormer (1999) 量表
	A12	我父亲（母亲）具有很强的创新开拓能力	
	A13	我父亲（母亲）总是遵守承诺	
	A14	我父亲（母亲）具有很强的风险承担能力	
	A15	我父亲（母亲）具有很强的决断力	
	A16	我父亲（母亲）更喜欢用新颖的、大胆的方法来管理企业而不是用保守的、传统的方法	
父辈 社会网络	A21	我父亲（母亲）拥有很多联系频繁的朋友、亲戚	Ostgaard 和 Birley (1994) 量表、Watson (2007) 量表
	A22	我父亲（母亲）的创业得到了很多亲戚、朋友的支持	
	A23	我父亲（母亲）能从潜在的或已有顾客那里获取有价值信息	
	A24	我父亲（母亲）可以通过顾客同他人建立联系	
	A25	我父亲（母亲）与潜在或已有生意伙伴建立了密切联系	
父辈 创业经验	A31	我父亲（母亲）创业与自己从事的行业具有相关性	安宁（2011） 量表和孙晨 （2013）量表
	A32	我父亲（母亲）能够合理配置企业的人、财、物等各项资源	
	A33	我父亲（母亲）能够使企业各部门良好运作，有效协调工作	
	A34	我父亲（母亲）对市场具有很强的敏感性	
	A35	我父亲（母亲）经常分享其创业经历	

度对创业认知进行测量。并对测量量表进行了一定的修订，得出最终的测试题项。其中，准备认知主要指创业个体在创业前在人力资源、信息、资本等各种创业资源利用条件等情况的总体感知程度；能力认知是由态度、行为、技能等个体因素组成的个体的知识结构。创业认知量表题项如表 7-2 所示。

表 7-2 后代创业认知量表

变量	维度	序号	题项	量表来源
创业 认知	准备 认知	B11	我拥有能够促使创业成功人力、物力、信息等资源	Mitchell (2000) 量表
		B12	我在遇到创业问题时会主动咨询我的父亲（母亲）	
		B13	我具有来自父亲（母亲）的创业相关的人际网络	
		B14	我可以在父亲（母亲）那里得到创业的资金支持	
		B15	我父亲（母亲）会将其创业经验教给我	

续表

变量	维度	序号	题项	量表来源
创业认知	准备认知	B16	我具有相关的创业技术或政策支持	Mitchell (2000) 量表
		B17	我具有与父亲（母亲）在创业上具有不一样的偏好	
	能力认知	B21	具有较好的创业知识储备，并且大部分是我父亲（母亲）教的	
		B22	在父亲（母亲）的帮助下，我可以轻松方便地进入创业的行业	
		B23	在我父亲（母亲）的熏陶下，我十分渴望创业成功	
		B24	我父亲（母亲）教会我准确识别潜在的市场机会	
		B25	在父亲（母亲）的指导下，我能够找出创业问题	
		B26	在父亲（母亲）的帮助下，我能够判断创业情境	

三、后代创业决策量表

本书将创业决策作为一个整体变量进行测量，基于前人设计的创业决策测量量表，结合本书研究的情景对测量量表进行了一定的修正，得出最终的测试题项。具体的题项如表 7-3 所示。

表 7-3　后代创业决策量表

变量	序号	题项	量表来源
创业决策	C1	我会或已经在我感兴趣的行业进行了创业	胡桂兰（2013）量表、Simon（1999）量表
	C2	我会为了创业，而放弃选择其他就业机会	
	C3	我会为了创业甚至辞掉现在的工作	
	C4	我选择了这个行业，就算面对困难，也不会退缩	
	C5	我在做创业决策时会听从我父亲（母亲）的建议	

四、控制变量

通过文献回顾了解到，创业决策行为会受到创业者的性别、年龄、学历、过去相关经验等个人因素的影响（珊妮，2003），父辈创业的企业规模、所处领域对后代创业决策也有影响（张龙耀等，2013）。类似地，斐乐胡佛等（2016）的研究结果表明，性别在创业表现和代际传递等方面表现出显著的差异。同时，随着年龄和学历的增加，会显著降低个人选择创业的概率（邢芸，2016）。综上所述，本书引入企业规模、创业者性别、年龄、受教育程度作为控制变量。

第二节 数据收集

本书采用问卷调查，调查的对象为已创业父辈的后代，对于父辈创业的界定是父亲或者母亲从事过独立的商品交易活动，而后代可以已经从事创业活动，也可以没有从事后代创业活动。本书对在校创业人员进行预测试，通过小规模样本先对量表的内容效度、结构效度进行检验，从而开展题项的内容修订，进而形成修订量表。2016年9月至2017年1月，通过江西师范大学的创业中心以及问卷星网络问卷进行实地与网络相结合的方式发放问卷，共收回400份问卷，剔除回答不完整、有明显错误以及无父辈创业情景的无效问卷124份，有效问卷276份。其中，样本中的男性与女性各占一半，男性达51.2%，女性达48.8%；被测的年龄处在18~25岁的居多（占73.3%），次之是位于26~30岁（占22.1%）；样本受教育程度普遍较高，被测的受教育程度在本科及以上学历的占到66.4%；企业规模10人及以下占62.5%，11人及以上占37.5%；创业属于初创期的占62.5%，成长期的占37.5%；父母创业经历1次的占28.3%，2~3次的占60.9%，4次及以上的占10.8%；父母所从事的行业中主要是餐饮行业、建筑建材和农林牧渔，所占比例分别为26.1%、21.7%和15.2%；从父母创业时间来看，8年及以上的占47.8%，3年及以下的占32.6%。具体如表7-4所示。

表7-4 调查样本基本特征情况

题项	选项	频数	百分比（%）
性别	男	142	51.2
	女	134	48.8
年龄	18岁以下	4	1.5
	18~25岁	202	73.3
	26~30岁	62	22.1

续表

题项	选项	频数	百分比（%）
年龄	30 岁及以上	8	3.1
学历	高中及以下	14	5.3
	大专	80	28.2
	本科	134	48.9
	硕士及以上	48	17.5
父母创业次数	1 次	78	28.3
	2~3 次	168	60.9
	4 次及以上	30	10.8
父母从事的行业	农林牧渔	42	15.2
	医药卫生	6	2.2
	建筑建材	60	21.7
	交通运输	12	4.4
	信息产业	12	4.4
	服装纺织	30	10.9
	旅游休闲	0	0
	餐饮服务	72	26.1
	其他	42	15.2
父母创业时间	1~3 年	90	32.6
	4~7 年	54	19.6
	8~9 年	42	15.2
	10 年及以上	90	32.6

一、描述性分析

在进行探索性分析之前，为了解各变量或维度的基本情况，本书对各变量进行了描述性统计分析，目的是直观地了解包括均值、标准差在内的统计指标，统计结果如表 7-5 所示。

父辈创业情景中父辈创业精神、父辈社会网络、父辈创业经验的平均得分分别为 3.428、3.674、3.183，即各变量之间的均值、标准差处在较为接近的区间内，说明后代对父辈创业情景的感知的差异不大。后代创业认知中准备认知和能

表 7-5 变量（维度）描述性分析结果

变量/维度	均值	标准差
父辈创业精神	3.428	0.392
父辈社会网络	3.674	0.232
父辈创业经验	3.183	0.214
后代准备认知	3.081	0.315
后代能力认知	3.040	0.176
后代创业决策	2.930	0.354

力认知的均值很接近，在 3.0~3.1，可见后代感知创业认知差异较小。后代创业决策的平均值为 2.930，标准差为 0.354，表明后代对创业决策的感知差异较小。

二、量表信度分析

为了检测修订量表的信度，本书选取 Cronbach's α 信度系数对修订量表的信度进行检验。当 α>0.7 时，认为该量表是可接受的；当 α<0.6 时，就要考虑重新编问卷。

在本书中，父辈创业精神、父辈社会网络、父辈创业经验的 Cronbach's α 分别为 0.823、0.863、0.783；后代创业认知的准备认知和能力认知两个维度的 Cronbach's α 分别为 0.805 和 0.912；后代创业决策的 Cronbach's α 为 0.827。结果显示，所有变量的 α 信度系数均大于 0.7，且对量表中所有的变量进行检测时，删除任一题项都没有提高量表的 α 信度系数，意味着修订量表中的全部题项均应予以保留。可见通过观测 Cronbach's α 信度系数我们可以得出，本书中父辈创业精神、父辈社会网络、父辈创业经验、后代准备认知、后代能力认知、后代创业决策的量表均具有很好的信度。修订量表的整体 Cronbach's α 为 0.945（标准化项的 Cronbach's α = 0.945），在 0.7 以上，表明量表内部一致性良好。

表 7-6 量表信度分析结果

序号	变量/维度	编码	题项数	Cronbach's α
1	父辈创业精神	A1	6	0.823
2	父辈社会网络	A2	5	0.863

续表

序号	变量/维度	编码	题项数	Cronbach's α
3	父辈创业经验	A3	5	0.783
4	后代准备认知	B1	7	0.805
5	后代能力认知	B2	6	0.912
6	后代创业决策	C	5	0.827

第三节　因子分析

效度，是指测量工具能够测出所测事物的准确程度，就是测量结果的有效性。量表的效度可以通过探索性因子检验和验证性因子检验。

一、探索性因子分析

探索性因子分析（CFA）主要是通过 KMO 检验、Bartlett's 球形检验进行分析。KMO（Kaiser-Meyer-Olkin）检验统计量通常是用于比较变量间简单相关系数和偏相关系数的指标，是主成分分析的效度检验指标之一。一般情况下，当 KMO 值在 0.6 以上，Bartlett's 球形检验值在 0.05 的水平上显著，表示适合做因子分析；在 0.5~0.6，表示很差；在 0.5 以下应该放弃。当量表能有效区分，且累计方差解释率大于 0.5 时，表示量表具有较好的建构效度。

（一）父辈创业精神

本书运用 SPSS21.0 软件，采用探索性因子分析（取特征根>1）对各变量的题项进行分析（见表 7-7 和表 7-8）。父辈创业精神量表的 KMO 值为 0.744，大于 0.6，Bartlett's 球形检验值为 727.516（sig.=0.000）达到 0.1% 的显著水平，认为本书的父辈创业精神量表适合进行因子分析。父辈创业精神提取出 1 个公因子，累计方差解释率达 73.808%，说明父辈创业精神量表具有较好的建构效度。

表 7-7　父辈创业精神 KMO 与 Bartlettd's 球形检验

取样足够度的 Kaiser-Meyer-Olkin 度量		0.744
Bartlett 的球形度检验	近似卡方	727.516
	df	15
	sig.	0.000

表 7-8　父辈创业精神的因子载荷和总体方差解释变异表

题项	成分1
A11	0.867
A16	0.866
A12	0.862
A13	0.824
A14	0.769
A15	0.719
方差贡献率（%）	73.808
累计方差贡献率（%）	73.808

(二) 父辈社会网络

运用同样方法，父辈社会网络量表的 KMO 值为 0.825，大于 0.6，Bartlett's 球形检验值为 794.377（sig.=0.000）在 0.1% 的水平上显著，得出该父辈社会网络量表适合进行因子分析（见表 7-9）。父辈社会网络提取出 1 个公因子，累计方差解释率达 66.936%，说明父辈社会网络量表具有较好的建构效度。

表 7-9　父辈社会网络 KMO 与 Bartlett's 球形检验

取样足够度的 Kaiser-Meyer-Olkin 度量		0.825
Bartlett 的球形度检验	近似卡方	794.377
	df	10
	sig.	0.000

(三) 父辈创业经验

运用同样方法，父辈创业经验量表的 KMO 值为 0.789，大于 0.6，Bartlett 球形检验值为 586.040（sig.=0.000）达到 0.1%的显著水平，得出父辈创业经验量表适合进行因子分析（见表 7-10）。父辈创业经验提取出 1 个公因子，累计方差解释率达到 59.184%，说明父辈创业经验量表具有较好的建构效度。

表 7-10 父辈创业经验的 KMO 值与 Bartlett's 球形检验

取样足够度的 Kaiser-Meyer-Olkin 度量		0.789
Bartlett 的球形度检验	近似卡方	586.040
	df	10
	sig.	0.000

(四) 后代创业认知

运用同样方法，得到后代创业认知 KMO 和 Bartlett 的球形检验，如表 7-11 所示。后代创业认知量表的 KMO 值为 0.824，大于 0.6，Bartlett 的球形检验值为 2569.686（sig.=0.000）达到 0.1%的显著水平，得出后代创业认知量表适合进行因子分析。后代创业认知提取出 2 个公因子，累计方差解释率达 63.179%，说明后代创业认知量表具有较好的建构效度（见表 7-12）。

表 7-11 后代创业认知的 KMO 值与 Bartlett's 球形检验

取样足够度的 Kaiser-Meyer-Olkin 度量		0.824
Bartlett 的球形度检验	近似卡方	2569.686
	df	78
	sig.	0.000

后代准备认知 KMO 和 Bartlett 的检验

取样足够度的 Kaiser-Meyer-Olkin 度量		0.724
Bartlett 的球形度检验	近似卡方	809.375
	df	21
	sig.	0.000

续表

后代能力认知 KMO 和 Bartlett 的检验			
取样足够度的 Kaiser-Meyer-Olkin 度量			0.850
Bartlett 的球形度检验	近似卡方		1233.480
	df		15
	sig.		0.000

表 7-12　后代创业认知的因子载荷和总体方差解释变异表

	成分 1	成分 2
B11	0.635	
B12	0.792	
B13	0.722	
B14	0.783	
B15	0.774	
B16	0.766	
B17	0.802	
B21		0.542
B22		0.680
B23		0.776
B24		0.783
B25		0.802
B26		0.839
方差贡献率（%）	35.137	28.042
累计方差贡献率（%）	35.137	63.179

其中，后代创业认知中的准备认知量表中提取到 1 个因子，累计方差贡献率为 67.787，KMO 值为 0.724，Bartlett 的值为 809.375（sig.=0.000）；创业能力认知量表中提取到 1 个因子，累计方差贡献率为 70.083，KMO 值为 0.850，Bartlett 的值为 1233.480（sig.=0.000）。

（五）后代创业决策

运用同样方法，得到后代创业决策 KMO 和 Bartlett's 球形检验，如表 7-13

所示。后代创业决策量表 KMO 值为 0.729，大于 0.7，Bartlett 的值为 738.875（sig.=0.000），达到 0.1% 的显著水平，说明后代创业决策量表适合进行因子分析。后代创业决策提取出 1 个公因子，累计方差解释率达 83.074%，说明后代创业决策量表具有较好的建构效度。

表 7-13　后代创业决策 KMO 值与 Bartlett's 球形检验

取样足够度的 Kaiser-Meyer-Olkin 度量		0.729
Bartlett 的球形度检验	近似卡方	738.875
	df	10
	sig.	0.000

最后，对整体量表进行因子分析，得到旋转矩阵，如表 7-14 所示，提取出 6 个成分，且每个成分与本书中设计的变量和维度相对应，且因子的累计贡献率在 70% 以上。说明量表具有较好的结构效度。

表 7-14　整体的旋转成分矩阵

题项	成分 1	成分 2	成分 3	成分 4	成分 5	成分 6
A11	0.892					
A12	0.877					
A13	0.834					
A14	0.787					
A15	0.703					
A16	0.673					
A21		0.801				
A22		0.787				
A23		0.578				
A24		0.575				
A25		0.571				
A31			0.877			
A32			0.830			
A33			0.615			

续表

题项	成分1	成分2	成分3	成分4	成分5	成分6
A34			0.547			
A35			0.445			
B11				0.663		
B12				0.655		
B13				0.653		
B14				0.633		
B15				0.587		
B16				0.573		
B17				0.547		
B21					0.779	
B22					0.776	
B23					0.740	
B24					0.589	
B25					0.541	
B26					0.450	
C1						0.747
C2						0.729
C3						0.515
C4						0.755
C5						0.542
方差贡献率（%）	17.193	12.854	12.064	11.565	11.063	10.564
累计方差贡献率（%）	17.193	30.046	42.110	53.675	64.738	75.302

二、验证性因子分析

验证性因子分析主要检验因子与其测量项之间的关系是否符合预期假设。AMOS 操作中典型的验证性评价拟合指数包括：χ^2、近似误差均方根（RMSEA）、近似误差均方根（RMR）、适配度指标（CFI）、增值适度指标（IFI）和规范拟合指数（NFI）等，评价标准如表 7-15 所示。

表 7-15 拟合指数评价标准

指数名称		评价标准
绝对拟合指数	χ^2/df	1~3
	RMR	小于 0.05
	RMSEA	小于 0.05
相对拟合指数	NFI	大于 0.9
	IFI	大于 0.9
	CFI	大于 0.9

本书使用统计软件 AMOS21.0 对父辈创业精神、父辈社会网络、父辈创业经验、后代创业认知及后代创业决策的整体量表进行了验证性因子检验，量表的拟合指数如表 7-16 所示，均在可以接受范围内，说明模型具有很好的拟合程度，即表示整体量表具有很好的内容效度。

表 7-16 常用拟合指数计算结果

拟合指数	χ^2/df	P	CFI	NFI	IFI	RMSEA	RMR
结果	1.619	0.000	0.912	0.907	0.923	0.019	0.0236

第八章 父辈创业情景对后代创业认知和后代创业决策的影响

第一节 模型分析

一、模型拟合

将有效数据导入 AMOS21.0 软件,利用结构方程的方法,得到父辈创业情景下父辈创业精神、父辈社会网络、父辈创业经验对后代创业认知及后代创业决策的影响的标准化之后路径如图 8-1 所示。

将 AMOS21.0 中路径图进行整理,绘制如下的简易结构如图 8-2 所示。

二、模型评价

模型评价先考察模型结果中估计出的参数是否达到显著水平,即对路径系数进行显著性检验,原假设为系数等于潜变量与潜变量间的回归系数称为路径系数。Amos 提供了一种简单便捷的方法,叫作 CR 值检验,同时可以根据 P 值检验路径系数是否显著。本书的路径系数估计如表 8-1、表 8-2 和表 8-3 所示。

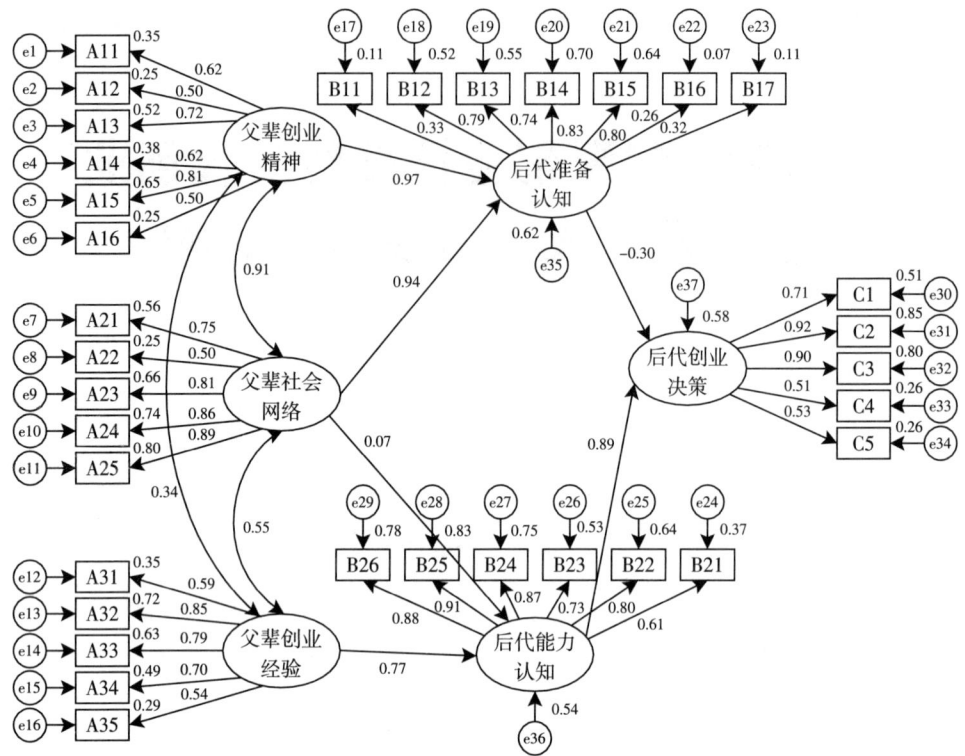

图 8-1　父辈创业情景、后代创业认知以及后代创业决策之间的路径

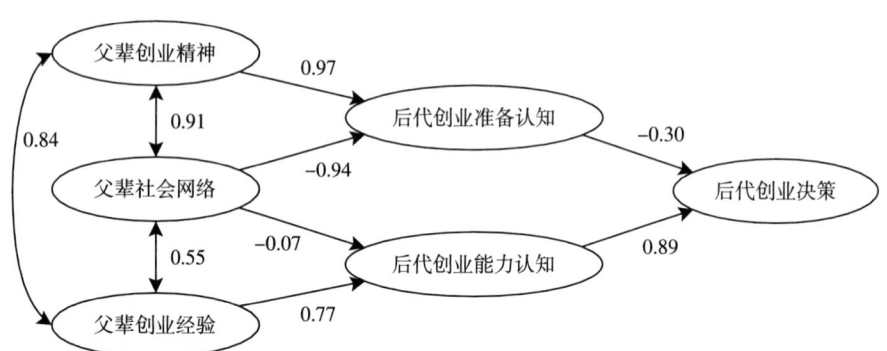

图 8-2　父辈创业情景、后代创业认知以及后代创业决策之间简易路径

表 8-1 模型中的单向路径系数估计结果

			非标准化路径系数	S.E.	C.R.	P	标准化路径系数
后代准备认知	<---	父辈创业精神	1.544	0.344	2.736	0.006	0.971
后代准备认知	<---	父辈社会网络	-0.432	0.183	-2.364	0.018	-0.941
后代能力认知	<---	父辈创业经验	1.335	0.335	3.983	***	0.775
后代能力认知	<---	父辈社会网络	-0.100	0.189	-0.531	0.596	-0.074
后代创业决策	<---	后代准备认知	-0.800	0.404	-1.980	0.048	-0.298
后代创业决策	<---	后代能力认知	0.805	0.132	6.106	***	0.886
A16	<---	父辈创业精神	1.000				0.502
A15	<---	父辈创业精神	1.499	0.250	5.997	***	0.809
A14	<---	父辈创业精神	0.924	0.177	5.223	***	0.617
A13	<---	父辈创业精神	1.600	0.289	5.536	***	0.721
A12	<---	父辈创业精神	0.918	0.196	4.671	***	0.498
A11	<---	父辈创业精神	1.185	0.219	5.401	***	0.619
A25	<---	父辈社会网络	1.000				0.892
A24	<---	父辈社会网络	1.078	0.076	14.208	***	0.861
A23	<---	父辈社会网络	1.048	0.086	12.221	***	0.814
A22	<---	父辈社会网络	0.736	0.122	6.034	***	0.501
A21	<---	父辈社会网络	1.026	0.095	10.756	***	0.749
A35	<---	父辈创业经验	1.000				0.541
A34	<---	父辈创业经验	1.064	0.184	5.779	***	0.697
A33	<---	父辈创业经验	1.274	0.210	6.076	***	0.791
A32	<---	父辈创业经验	1.230	0.195	6.313	***	0.851
A31	<---	父辈创业经验	1.515	0.286	5.304	***	0.589
C1	<---	后代创业决策	1.000				0.712
C2	<---	后代创业决策	1.213	0.125	9.673	***	0.924
C3	<---	后代创业决策	1.117	0.116	9.646	***	0.896
C4	<---	后代创业决策	0.651	0.122	5.329	***	0.508
C5	<---	后代创业决策	0.637	0.115	5.539	***	0.528
B11	<---	后代准备认知	1.000				0.329
B12	<---	后代准备认知	2.406	0.655	3.671	***	0.790
B13	<---	后代准备认知	2.548	0.698	3.649	***	0.744

续表

			非标准化路径系数	S.E.	C.R.	P	标准化路径系数
B14	<---	后代准备认知	2.937	0.797	3.684	***	0.835
B15	<---	后代准备认知	2.683	0.736	3.645	***	0.799
B16	<---	后代准备认知	0.892	0.370	2.412	0.016	0.265
B17	<---	后代准备认知	1.177	0.421	2.799	0.005	0.336
B26	<---	后代能力认知	1.000				0.884
B25	<---	后代能力认知	1.000	0.063	15.865	***	0.909
B24	<---	后代能力认知	1.018	0.072	14.130	***	0.865
B23	<---	后代能力认知	0.819	0.079	10.419	***	0.729
B22	<---	后代能力认知	0.781	0.065	12.030	***	0.799
B21	<---	后代能力认知	0.677	0.084	8.016	***	0.611

注：*** 表示 0.1% 显著。

表 8-2　模型中的双向路径系数估计结果

			共生变量	S.E.	C.R.	P	路径系数
父辈创业精神	<-->	父辈社会网络	0.316	0.064	4.924	***	0.912
父辈创业经验	<-->	父辈社会网络	0.201	0.049	4.107	***	0.533
父辈创业经验	<-->	父辈创业精神	0.229	0.058	3.919	***	0.837

注：*** 表示 0.1% 显著。

表 8-3　模型的方差估计结果

	Estimate	S.E.	C.R.	P	Label
父辈创业精神	0.261	0.087	3.016	0.003	par_72
父辈社会网络	0.461	0.071	6.521	***	par_73
父辈创业经验	0.286	0.087	3.267	0.001	par_74
e35	0.237	0.021	1.791	0.005	par_75
e36	0.388	0.112	3.453	***	par_76
e37	0.297	0.073	4.047	***	par_77
e6	0.774	0.097	8.005	***	par_78
e5	0.311	0.042	7.324	***	par_79
e4	0.363	0.046	7.911	***	par_80

续表

	Estimate	S.E.	C.R.	P	Label
e3	0.618	0.083	7.404	***	par_81
e2	0.667	0.083	8.031	***	par_82
e1	0.592	0.076	7.736	***	par_83
e11	0.118	0.023	5.221	***	par_84
e10	0.186	0.030	6.192	***	par_85
e9	0.258	0.038	6.848	***	par_86
e8	0.745	0.093	7.969	***	par_87
e7	0.381	0.052	7.372	***	par_88
e16	0.688	0.087	7.882	***	par_89
e15	0.342	0.047	7.232	***	par_90
e14	0.278	0.068	4.117	***	par_91
e13	0.164	0.057	2.902	0.004	par_92
e12	0.235	0.160	7.707	***	par_93
e30	0.680	0.090	7.545	***	par_94
e31	0.177	0.042	4.180	***	par_95
e32	0.215	0.041	5.226	***	par_96
e33	0.855	0.107	8.000	***	par_97
e34	0.736	0.093	7.950	***	par_98
e17	0.801	0.098	8.137	***	par_99
e18	0.338	0.055	6.090	***	par_100
e19	0.509	0.079	6.476	***	par_101
e20	0.365	0.068	5.352	***	par_102
e21	0.397	0.065	6.095	***	par_103
e22	0.025	0.125	8.190	***	par_104
e23	0.061	0.130	8.132	***	par_105
e29	0.238	0.037	6.428	***	par_106
e28	0.178	0.032	5.618	***	par_107
e27	0.294	0.044	6.672	***	par_108
e26	0.502	0.066	7.602	***	par_109
e25	0.294	0.040	7.328	***	par_110
e24	0.653	0.083	7.897	***	par_111

注：*** 表示 0.1% 水平上显著。

在全路径模型中，我们可以使用 CR 值检验路径的合理性和显著性，一般 CR 值的绝对值应当大于 1.96，才说明显著水平达到 0.05。或者 P 值小于 0.05，表明显著。该路径模型中除父辈社会网络到后代创业能力认知的路径 P 值为 0.596，其他 P 值均小于 0.05，表明路径较合理，且需要对从父辈社会网络到后代创业能力认知的路径进行修正。

第二节　模型修正

表 8-3 除了一个路径系数在 0.05 的水平上不显著外，该模型其他参数在 0.05 水平上都是显著的，即父辈社会网络到后代能力认知的路径，如表 8-4 所示。从实际考虑，父辈社会网络一般不会影响后代的能力认知，更多的可能是通过影响后代对创业行为的意愿认知或准备认知方面，进而影响到后代的创业决策，所以考虑删除这个路径，重新估计模型。

表 8-4　没有达到 5% 显著水平的路径结果

			Estimate	S.E.	C.R.	P	Label
后代能力认知	<---	父辈社会网络	−0.100	0.189	−0.531	0.596	par_37

得到模型修正后的路径系数如表 8-5、表 8-6 所示。从中可以看出所有的单向路径系数的 C.R.值检验（P<0.05）通过，所有的双向向路径系数的 C.R.值检验（P<0.05）也通过，即表明修正后的模型路径合理。

表 8-5　修正后模型的单向路径系数的估计结果

			非标准化路径系数	S.E.	C.R.	P	标准化路径系数
后代能力认知	<---	父辈创业经验	1.223	0.220	5.565	***	0.712
后代准备认知	<---	父辈创业精神	1.526	0.341	2.713	0.007	0.936
后代准备认知	<---	父辈社会网络	−0.423	0.183	−2.316	0.021	−0.922

续表

			非标准化路径系数	S.E.	C.R.	P	标准化路径系数
后代创业决策	<---	后代能力认知	0.800	0.130	6.165	***	0.875
后代创业决策	<---	后代准备认知	-0.790	0.400	-1.973	0.048	-0.291
A16	<---	父辈创业精神	1.000				0.502
A15	<---	父辈创业精神	1.500	0.250	5.991	***	0.809
A14	<---	父辈创业精神	0.926	0.177	5.229	***	0.619
A13	<---	父辈创业精神	1.603	0.290	5.526	***	0.722
A12	<---	父辈创业精神	0.920	0.197	4.680	***	0.500
A11	<---	父辈创业精神	1.187	0.220	5.403	***	0.620
A25	<---	父辈社会网络	1.000				0.889
A24	<---	父辈社会网络	1.080	0.077	14.101	***	0.860
A23	<---	父辈社会网络	1.053	0.086	12.251	***	0.815
A22	<---	父辈社会网络	0.744	0.122	6.120	***	0.505
A21	<---	父辈社会网络	1.031	0.096	10.795	***	0.750
A35	<---	父辈创业经验	1.000				0.543
A34	<---	父辈创业经验	1.057	0.182	5.813	***	0.694
A33	<---	父辈创业经验	1.292	0.204	6.326	***	0.804
A32	<---	父辈创业经验	1.250	0.189	6.608	***	0.868
A31	<---	父辈创业经验	1.514	0.284	5.326	***	0.590
C1	<---	后代创业决策	1.000				0.714
C2	<---	后代创业决策	1.213	0.125	9.670	***	0.924
C3	<---	后代创业决策	1.117	0.116	9.645	***	0.897
C4	<---	后代创业决策	0.651	0.122	5.329	***	0.510
C5	<---	后代创业决策	0.637	0.115	5.538	***	0.530
B11	<---	后代准备认知	1.000				0.327
B12	<---	后代准备认知	2.410	0.660	3.650	***	0.788
B13	<---	后代准备认知	2.567	0.705	3.641	***	0.746
B14	<---	后代准备认知	2.957	0.805	3.673	***	0.837
B15	<---	后代准备认知	2.692	0.742	3.627	***	0.798
B16	<---	后代准备认知	0.895	0.372	2.405	0.016	0.265
B17	<---	后代准备认知	1.178	0.423	2.786	0.005	0.334

续表

			非标准化路径系数	S.E.	C.R.	P	标准化路径系数
B26	<---	后代能力认知	1.000				0.884
B25	<---	后代能力认知	1.001	0.063	15.941	***	0.910
B24	<---	后代能力认知	1.018	0.072	14.166	***	0.866
B23	<---	后代能力认知	0.817	0.079	10.408	***	0.728
B22	<---	后代能力认知	0.780	0.065	12.018	***	0.798
B21	<---	后代能力认知	0.674	0.084	7.997	***	0.609

注：*** 表示 0.1% 水平上显著。

表 8-6　修正后模型中的双向路径系数估计结果

			共生变量	S.E.	C.R.	P	路径系数
父辈创业精神	<-->	父辈社会网络	0.316	0.064	4.921	***	0.913
父辈创业经验	<-->	父辈社会网络	0.196	0.047	4.145	***	0.540
父辈创业经验	<-->	父辈创业精神	0.224	0.057	3.957	***	0.817

注：*** 表示 0.1% 水平上显著。

通过修正，得到标准化的路径如图 8-3 所示。修正后全部路径系数通过显著性检验，卡方值变化不大，各拟合指标都达到标准区间，且模型更简单，故，进行如此修正是值得的。

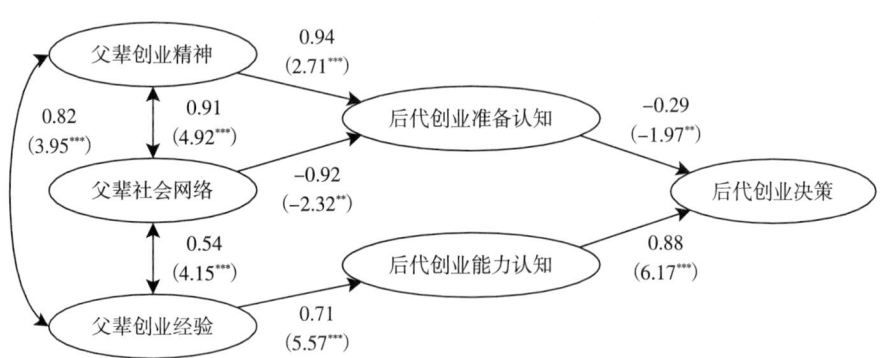

$\chi^2/df = 1.677$, $P = 0.000$, CFI = 0.913, NFI = 0.903, IFI = 0.924, RMSEA = 0.029, RMR = 0.0152

图 8-3　修正后的父辈创业情景、后代创业认知以及后代创业决策之间简易路径

注：*** 表示 0.1% 水平上显著，** 表示 5% 水平上显著。

从结构方程路径分析结果不仅可以看出父辈创业通过影响后代创业准备认知、后代创业能力认知来影响后代创业决策,而且可以分析其路径和影响作用的大小。通过对收集的数据进行实证分析,得出以下假设验证结果:

表 8-7 研究假设检验结果汇总

假设	路径表述	路径系数	CR 值	验证结果
假设 1	父辈创业精神⇔父辈社会网络	0.913	4.92***	成立
假设 2	父辈创业经验⇔父辈社会网络	0.540	4.15***	成立
假设 3	父辈创业经验⇔父辈创业精神	0.817	3.95***	成立
假设 4	父辈创业精神→后代创业准备认知	0.936	2.71***	成立
假设 5	父辈社会网络→后代创业准备认知	−0.922	−2.32**	反向成立
假设 6	父辈社会网络→后代创业能力认知	−0.07	−0.531	不成立
假设 7	父辈创业经验→后代创业能力认知	0.712	5.57***	成立
假设 8	后代创业准备认知→后代创业决策	−0.291	−1.97**	反向成立
假设 9	后代创业能力认知→后代创业决策	0.875	6.17***	成立

注:*** 表示 0.1%水平上显著,** 表示 5%水平上显著。

第九章　本篇小结

一、研究结论

本书通过构思父辈创业精神、父辈社会网络、父辈创业经验、后代创业认知、后代创业决策等研究变量，探寻父辈创业情景对后代创业决策的影响，后代创业认知在其过程中的中介作用。选取创业认知为切入点，探寻父辈创业情景对其后代创业决策的作用原理，经过文献整理、问卷研究等详细研究分析，本书得出以下研究结论：

（1）探索出父辈创业对后代创业决策影响的三条路径：一是父辈创业精神利用后代创业准备认知的中介效应作用于后代创业决策；二是父辈创业经验通过后代创业能力认知影响后代创业决策；三是父辈社会网络通过后代创业准备认知影响后代创业决策。其中，后代创业准备认知和后代创业能力认知是后代创业认知的两个维度，后代创业认知在父辈创业对后代创业决策中起到了中介作用。

（2）父辈社会网络对后代创业准备认知具有反向作用，即父辈社会网络越复杂，后代创业准备认知越弱。父辈的社会网络不等同于后代的社会网络，两者之间存在一种嵌入式关系。如果后代能很好地嵌入父辈社会网络，就能很好地将父辈社会网络转化为自己的社会网络，从而有利于提高创业准备认知；反之，若不能很好地嵌入，则会对其创业准备认知产生抑制作用。当后代不能很好地嵌入父辈社会网络，对创业准备认知不足时，其很可能受父辈社会网络的片面影响而做出错误的创业决策，易导致盲目创业。

（3）后代准备认知对后代创业决策具有反向作用，即后代准备认知越充分，越不容易做出创业决策。后代对创业准备认知充分时，了解创业的艰辛和风险后，容易产生畏难心理，从而不敢轻易做出创业决策。同时现实生活中，经历了创业艰辛的父辈会告诫后代创业不易，且不支持后代创业。就算后代创业准备认知充分，也只能理性分析创业，权衡创业的机会成本，却不会轻易选择创业。

（4）父辈创业经验对后代创业能力认知具有正向促进作用，后代创业能力认知对后代创业决策具有显著的正向影响，父辈将自身的创业经验言传身教给后代，后代获取父辈创业的经验，吸收转化为自身创业资源，从而提高后代对创业的能力认知，进而能够及时并准确应对创业过程中可能遇到的困难，做出合理的创业决策。

二、研究启示

（一）加大对后代青年的创业教育引导

避免大范围内"冲动型"创业发生在"双创"背景下，后代青年创业认知准备不够充分，容易产生较高创业热情，甚至快速进行创业活动。这种创业活动失败率较高，创业家族中父辈创业者对后代创业决策产生重要影响，应注重父辈创业者对后代创业决策的影响。具体措施：一是父辈创业者培养后代青年时，要有意识地将其嵌入自己的社会网络，增强其网络关系能力；二是可在高校创业培育中探索性开设家族创业企业传承班，激发后代青年创业激情，提升其创业意愿。

（二）积极搭建创业实践或模拟平台

基于创业认知的视角，父辈创业情景因素（创业精神、社会网络和创业精神）在影响后代创业认知的基础上，从而影响后代创业决策。学校或政府应该以培养后代创业者能力认知为核心，积极搭建创业实践或模拟平台，不以创业率为考核标准，避免操之过急和"拔苗助长"式的创业培养方式的发生。

三、研究不足及展望

本书存在一些不足之处，主要表现在以下方面：

（1）在我国不同地区，由于文化背景、风俗习惯差异，导致不同地区的创业者对创业的风险偏好不一样，对后代创业认知及创业决策之间可能存在着一定的差异。本书的研究对象是江西省后代创业者，受江西省传统、保守的地域风俗影响，创新创业意识较沿海地区弱，对创业的认知可能存在一定的偏差。为此，在今后的研究中，可以选取文化风俗有差异的地区的创业者进行调查，扩大样本容量，从而减少因文化风俗而存在的误差。

（2）本书从父辈创业情景研究中提炼出三个要素，虽然是参考了大量文献，但仍可能不够完善。未来可以利用扎根理论，对父辈创业情景进行归纳总结，完善父辈创业情景的变量选择。同时变量的测量是在量表的基础上进行修改而成的，即使问卷中的各个题项的信度效度检验都通过，但仍可能存在偏差，未来研究可以考虑多重测量方法进行度量。

（3）本书得出后代创业准备认知对后代决策影响，猜测存在人格特质的调节影响。如果后代的人格特质是冒险性的，在创业准备认知强时，不会畏惧；而对于后代的人格特质是保守型的，则会选择退缩。但止于猜想，未来可以加强关于人格特质的调节变量研究。

（4）本书受研究资源、能力的限制，所选取的研究样本规模不足，最终得到的有效样本量为276份，有一定的局限性。未来可以通过扩大样本收集范围和提高样本数量来弥补这一不足。

附　录

关于父辈创业情景对后代创业决策影响的调查问卷

尊敬的先生/女士：

您好！

我是江西师范大学的研究生，现在正从事毕业论文问卷的调研。这份问卷主要想了解您父辈的创业是否会影响您的创业决策。请您选择一个您认为最相符的答案，并在相应的位置上标记出来。

调查中所获信息仅供研究之用，绝不用于任何商业目的，不涉及任何个人隐私，本调研以不记名方式填写，您的回答没有对错之分，请按照真实情况回答，谢谢您的合作！

问卷序号＿＿＿＿＿＿＿＿　　　　访问日期　　年　　月　　日

第一部分　基本信息

1. 您的性别：□男　　□女
2. 您的年龄：□24岁及以下　　□25~34岁　　□35岁及以上
3. 您来自以下哪一个省份：□江西　　□湖北　　□安徽　　□湖南　□其他＿＿＿＿＿＿
4. 您的学历：□高中及以下　　□大专　　□本科　　□硕士及以上
5. 您目前从事工作的工作性质：□学生　　□体力劳动　　□办公室人员或秘书　　□技工、技术员、护士等　　□职业人员　　□其他＿＿＿＿＿＿
6. 您是否拥有自己的企业：□是　　□否（请跳到第12题）

7. 企业的名称＿＿＿＿＿＿＿＿＿＿＿＿＿＿＿

8. 企业成立的时间＿＿＿＿＿＿＿＿＿＿＿＿＿

9. 企业的主营业务是＿＿＿＿＿＿＿＿＿＿＿＿

10. 目前有员工数量：□10 人及以下　　□11~20 人　　□21~80 人　□81~100 人　　□101 人及以上

11. 相对行业水平，本企业所处的创业阶段：□初创期　　□成长期

12. 您的父辈是否拥有自己的企业：□是　　□否（结束回答，谢谢）

13. 您父辈拥有创业经历的次数：□1 次　　□2~3 次　　□4~5 次

14. 您父辈从事的行业：

　　□农林牧渔　　□医药卫生　　□建筑建材　　□交通运输　　□信息产业

　　□服装纺织　　□旅游休闲　　□餐饮服务　　□其他＿＿＿＿＿

15. 您父辈具有相关创业经历的时间：

　　□1~3 年　　□4~7 年　　□8~9 年　　□10 年以上

16. 您是否想去创业：□是　　□否（结束回答，谢谢）

第二部分　父辈创业情景

请结合您父亲（母亲）的真实情况进行选择。

1 表示完全不符合　2 表示比较不符合　3 表示一般符合　4 表示比较符合　5 表示完全符合

	题项				
	父辈创业精神				
1	您父亲（母亲）总是优先寻求的新市场、产品或技术等新信息和新知识	1	2	3	4	5
2	您父亲（母亲）具有很强的创新开拓能力	1	2	3	4	5
3	您父亲（母亲）总是遵守承诺	1	2	3	4	5
4	您父亲（母亲）具有很强的风险承担能力	1	2	3	4	5
5	您父亲（母亲）具有很强的决断力	1	2	3	4	5
6	您父亲（母亲）更喜欢用新颖的、大胆的方法来管理企业而不是用保守的、传统的方法	1	2	3	4	5
	父辈社会网络				
7	您父亲（母亲）拥有很多联系频繁的朋友、亲戚	1	2	3	4	5
8	您父亲（母亲）的创业得到了很多亲戚、朋友的支持	1	2	3	4	5

续表

	题项					
	父辈社会网络					
9	您父亲（母亲）能从潜在的或已有的顾客那里获取有价值的信息	1	2	3	4	5
10	您父亲（母亲）可以通过顾客同他人建立联系	1	2	3	4	5
11	您父亲（母亲）与潜在或已有生意伙伴建立了密切联系	1	2	3	4	5
	父辈创业经验					
12	您父亲（母亲）创业与自己从事的行业在产品和服务上具有相关性	1	2	3	4	5
13	您父亲（母亲）能够合理配置企业的人、财、物等各项资源	1	2	3	4	5
14	您父亲（母亲）能够使企业各部门良好运作，能有效协调各项工作任务	1	2	3	4	5
15	您父亲（母亲）对市场具有很强的敏感性	1	2	3	4	5
16	您父亲（母亲）经常分享他的创业经历	1	2	3	4	5

第三部分　创业认知

请根据您对创业认知的了解进行选择。

1 表示完全不符合　2 表示比较不符合　3 表示一般符合　4 表示比较符合　5 表示完全符合

	题项					
	准备认知					
1	您拥有能够促使创业成功人力、物力、信息等资源	1	2	3	4	5
2	您在遇到创业问题时会主动咨询我的父亲（母亲）	1	2	3	4	5
3	您具有来自父亲（母亲）的创业相关的人际网络	1	2	3	4	5
4	您可以在父亲（母亲）那里得到创业的资金支持	1	2	3	4	5
5	您父亲（母亲）会将他的创业经验教给您	1	2	3	4	5
6	您具有相关的创业技术或政策支持	1	2	3	4	5
7	您具有与父亲（母亲）在创业上不一样的偏好	1	2	3	4	5
	能力认知					
8	您具有较好的创业知识储备，并且大部分是您父亲（母亲）教的	1	2	3	4	5
9	在父亲（母亲）的帮助下，您可以轻松方便地进入创业的行业	1	2	3	4	5
10	在您父亲（母亲）的熏陶下，您十分渴望成功	1	2	3	4	5
11	您父亲（母亲）教会我准确识别潜在的市场机会	1	2	3	4	5
12	在父亲（母亲）的指导下，您能够迅速找出创业问题	1	2	3	4	5
13	在父亲（母亲）的帮助下，您能够准确判断创业情境	1	2	3	4	5

第四部分　创业决策

请根据您对比较感兴趣的行业是否会做出创业决策进行选择。

1 表示完全不符合　2 表示比较不符合　3 表示一般符合　4 表示比较符合　5 表示完全符合

	题项					
1	您会或已经在我感兴趣的行业进行了创业	1	2	3	4	5
2	您会为了创业，而放弃选择其他的就业机会	1	2	3	4	5
3	您会为了创业甚至辞掉现在的工作	1	2	3	4	5
4	您选择了这个行业，就算面对困难，也不会退缩	1	2	3	4	5
5	您在做创业决策时会听从您父亲（母亲）的建议	1	2	3	4	5

问卷到此结束，谢谢您的支持！

第三篇

社会资本与创业绩效

第十章 社会资本和创业绩效研究综述

第一节 研究背景

创业活动是社会经济发展的"引擎",不管是发展中国家还是发达国家,都已经意识到创业活动对提高就业、增加税收、推动经济发展有着巨大的促进作用。当前欧洲正陷入债务问题,美国经济依然处在复苏阶段,日本仍进一步采取放松的货币政策,世界经济发展错综复杂、充满变数。然而中国的经济发展仍保持平稳快速增长势头,令世界瞩目。国内生产总值高达 9.8% 的年均增长速度,远远高于同期世界平均增长速度。2012 年,中国经济总量跃居世界第二,并且中国在经济、政治、文化和社会各个领域扮演着越来越重要的角色。综观这些成就,从创业学的角度来讲,这一切都得益于创业经济的发展和创业精神的释放,它对社会经济快速发展的贡献功不可没,尤其是以民营(私营)企业为主体的民营经济创业活动。

受规模小、资金来源有限、管理不完善等诸多因素制约,创业企业成活率比较低。据有关资料显示,在我国,每年新创企业的失败率可能达到 70% 以上,创业企业的平均寿命不足三年,大约有近七成企业活不过一年。学术界对中小民营企业创业成长的寿命瓶颈问题表现出了浓厚的兴趣,并给予了极大的关注。学者对中小民营企业创业的宏微观环境、政策法规、创业动机等都进行了非常深入的研究。如 Birley 和 Westhead、张维迎、Hellmann 和 Puri、杨其静、李新春等。

关于影响创业成败最重要的原因，学术界并没有达成共识，但普遍认为创业者[①]在创业和发展中的重要作用与职能，代表性的观点如创业企业是创业者个人精神的延伸，创业者是企业创业初期和成长阶段的核心签约的人，创业者是创业企业研究的逻辑起点。在企业创立阶段，获得创业的有效资源要素，并将其整合创办一家新企业是创业者面临的一个重要挑战。并且创业者的这种配置和利用资源的能力对企业的生存与发展发挥着决定性的作用。为了更科学有效地找到影响创业成败的最重要因素，学者们开始对创业者整合内外部资源要素的方式与手段，创业者的精神特质或背景因素展开研究。其中，前者引起了学者的关注，越来越多学者对创业者的整合内外部资源要素进行了研究，研究发现创业者的社会关系网络对企业创业有着重要的影响。在这种情况下，创业者的社会资本即创业者的社会关系网络这个概念被提出，进一步延伸其内涵和外延，社会资本这一概念逐渐被大众所理解、接受、运用，并被进一步引入经济学、管理学、社会学、心理学等领域，在企业研究领域，社会资本[②]概念也被大量学者接受、讨论和运用。

创业活动对促进就业、提高国民收入、增加税收有重要的推动作用。因此，对创业效果进行衡量是非常有必要的。选取什么样的衡量标准对本书影响重大，为了更好地检验创业活动的成果和指导创业实践，本书采用创业绩效这一概念作为创业效果的衡量标准。现实研究中，小微企业在发展状况、实力、资源优势和发展前景等各个方面存在较大差异，学者们也从不同的角度对这一现象给出了分析和解释。有些学者认为，这一现象与创业活动的核心人物，即创业者的社会资本有关系，创业者的社会资本可能会影响创业活动的效果，即创业绩效。

---

① 国外文献中，企业家就是创业者，但是在国内，企业家是指有卓越贡献的创业者。原文虽然使用的是企业家，但是作者所指是创业者。因此为了避免歧义，本书使用创业者。

② 为了避免歧义，除有特别说明，本书中的社会资本主要是指企业家社会资本。

第二节 社会资本研究综述

一、社会资本的定义

目前,学者们对社会资本的界定大致分为四种:

(1)从社会关系(网络)角度。李路路认为,创业者的社会资本就是创业者的社会关系,它包含两层意思:第一层是创业者本人所选择的社会关系,第二层是与创业者来往最频繁的一个关系人的社会关系。从这个角度来看,创业者的社会资本可以用创业者与创业者来往最频繁的关系人的职业地位和职务来表示。刘林平认为,社会资本不仅是社会关系,还是社会关系网络,是通过人际互动形成的,与社会关系、文化、群体或组织相关联。以群体或组织的利益为导向、以文化为准则、以社会关系为基础。周小虎、惠朝旭认为,社会资本作为个人拥有的社会资本的一种,以创业者个体为主要特征,以创业者个体为中心节点的网络体系、社会声望和信任的总和。张玉利和杨俊等认为,社会资本是一种能为企业带来利益或者潜在利益的社会关系网络,网络的中心是创业者,包括创业者与企业内部和外部的社会成员和组织。

(2)从社会资源角度。石秀印认为,创业者作为企业的创立和发展过程中的关键人物,必须有为企业获取政府行政政策与法律资源、生产资源、经营资源、精神文化资源四种资源的能力。张文江、陈传明认为,社会资本与企业社会资本是内在的、贯通的,是创业者凭借其人际关系网络所能获取的社会资源,并且这些社会资源能够帮助企业实现增值。边燕杰认为,社会资本的本质是创业者与其周边群体之间可以转移的资源,其存在形式是社会关系网络。

(3)从关系(网络)能力角度。陈传明和周小虎认为,社会资本是创业者动员内部和外部资源的能力,这种资源是以企业群体范式为基础,在信誉规范引导下的创业者社会关系网络;孙俊华、陈传明将社会资本界定为创业者通过其特定的社会关系网络所能够为企业动员的资源和相关能力；彭正龙和姜卫韬认为，社会资本是创业者获取创业机会的能力，创业通过调动和整合其关系网络中的社会资源，从中发现创业机会。

由于不同的学科背景、研究领域和研究视角，学者们对社会资本概念的界定也不同。国内外学者关于社会资本的定义，总结归纳可以从以下几个方面来看：一是将社会资本定义为创业者的社会关系或者社会网络；二是将社会资本定义为创业者嵌入社会结构中的社会资源；三是创业者通过社会网络关系获得其创业资源的能力。

将社会资本定义为创业者的社会关系或者社会网络；将社会资本等同于社会关系，没有突出社会资本的特性；将社会资本定义为创业者获得创业资源的能力，强调创业者个体，过于狭隘。因此，综合国内外学者对于社会资本的界定，笔者更倾向于从社会资源角度定义社会资本，即社会资本是创业者个人所拥有的可以使用的社会关系资源的总和。

二、社会资本的测量

在诸多文献中，社会资本的维度测量既包含单一维度研究，也包括多维度研究。单一维度的社会资本研究多数以"信任"作为衡量社会资本的指标，如Fukuyama、Smith 等、杨瑞龙等。多维度的社会资本研究者认为，社会资本的来源及其影响常常不容易被分割清楚，且社会资本是一个复合概念，不能仅仅用一个或者两个指标来测量。具体如表 10-1 所示。

表 10-1　社会资本的测量研究

研究者	定义
Fukuyama	社会资本的表现形式就是信任，信任的社会资本是经济发展的动力
杨瑞龙	可以以人们相互之间的信任度为基础来衡量社会资本
Coleman	从微宏观角度来看，社会资本可以分成微观社会资本和宏观社会资本。微观社会资本有获得信息的潜力、个体的义务和期望、权力地位的影响。宏观社会资本的内容有：群体内部自发性的公民参与、群体的规范支持、适合的组织结构
Putllam	社会资本划分为信任、规范和公民参与网络三部分

续表

研究者	定义
Gabbay 和 Zuekerman	社会资本划分为关系维度和结构维度两个维度
Nahapit 和 Ghoshal	社会资本应当包括结构维度、关系维度以及认知维度三个维度
Brown	社会资本可以分成微观层次、中观层次和宏观层次
里瑟	社会资本可以分为两种，一种是基于个人资源的观点，或者说是以自我为中心的网络分析，另一种是基于组织的观点，称为集体的社会资本，或者叫宏观的社会资本
乐国林、张玉利和毛淑珍	社会资本的主体可以分成企业、创业者、员工，根据这种划分方法，社会资本可以分成企业社会资本、创业者社会资本和员工社会资本

目前，大部分学者接受的是 Nahapiet 和 Ghoshal 将社会资本分成三个层面，即结构维度、认知维度、关系维度。

社会资本的结构维度是从个体在社会关系结构中的作用方面来研究社会资本的，个体在社会关系结构中的作用越强，即个体的社会资本越强，个体越容易获得资源。Coleman 和 Putllam 认为，紧密而封闭的社会关系网络有利于提高合作效率，关系网络越强，认可机制和信任感越强，合作的风险越低，合作效率越高。

社会资本的关系维度则是从一个给定的他人与一个给定的创业的自我之间的双向关系研究社会关系资本对个体的作用，主要是强调个体通过协调他人之间的双向关系来获得资源，社会资本越强，个体获得的资源越多，如 Nahapiet 和 Ghoshal、Dyer 和 Singh、Tsai 和 Ghoshal 认为，个体可以通过两种方式来获得自己所需的资源，如通过他人提供的信息或者他人的地位，或者建立各种功能性的社会关系。前者是通过自己拥有的社会资本所建立的社会关系从其他人处获得资源；后者是通过有意识的、有目的地建立新的社会关系来获取资源。

社会资本的认知维度是从促进实现共同目标所共有的规则范式的角度研究社会资本，强调个体与他人共同的意识对个体获取资源的影响。Nahapiet 和 Ghoshal 认为，共同语言会缩短人和人之间的距离，使人更容易接近，更容易促进交流。没有共同语言，会增加人与人之间的心理距离，阻碍交流。企业通常会向员工强调企业的价值观和企业发展愿景，也是希望通过员工之间的共同语言来提高企业的运行效率,实现企业的发展目标。对创业者而言,社会资本越强,创业者获得的资源越多。

第三节 创业绩效的研究综述

一、创业绩效的定义

绩效是有关组织运作最终成果的一个整体性概念,是对组织目标达成程度的一种衡量。目前创业研究中的创业绩效理论有四种:

(1)组织目标理论的主要观点认为,每一个组织,不论类型,都有自己的组织目标,因此可以用该组织实现自身目标的程度来定义和衡量组织绩效。

(2)系统资源理论认为,组织绩效应该是从组织管理能力角度来分析,认为组织从周围环境获取和整合资源的能力可以作为衡量组织绩效的标准。

(3)社会功能理论则认为,组织是社会的一部分,可以用组织对社会的贡献程度来衡量。

(4)利益相关者理论认为,可以从利益满足的角度来考虑,组织满足相关利益者的程度深浅作为组织绩效的衡量标准。组织满足利益相关者的程度越高,组织的绩效越好。

绩效信息市场模型,这个模型是由 Rogers 和 Wright 建立的,综合运用组织目标理论和利益相关者理论。该理论认为,组织绩效可以以组织调整市场利益关系的能力高低作为标准来衡量。市场利益关系包括消费者、金融服务机构、社会政治环境、人员。

二、创业绩效的维度

学者们对创业绩效的维度研究分成以下三种:

(1)财务和非财务指标体系。鉴于财务对企业发展影响重大,一些学者认为将财务作为重要指标衡量小微企业创业绩效。从企业现金周转状况来看，有速动比率、流动比率等指标。从企业经营状况来看，有销售额、净收入、净利润等指标，从投资收益的角度来看，有投资收益率、投资回收期、平均年资产回报率等指标。从企业的关键性指标的角度来看，沈超红等认为，可以从员工、顾客、财务和内部经营四个方面来衡量小微企业创业绩效。

（2）单一指标和多重指标考核。Murph和Hin将创业绩效的衡量指标重新整合，认为可以从三个角度去衡量：财务指标、操作性指标和多重成分指标。财务指标主要以衡量组织效能为主，操作性指标主要以衡量市场占有率或产品质量特性为主。Schollhammer认为，应该从创新的角度来衡量企业创业绩效。Chrisman、Bauerschmidt和Hofer认为，可以从创业生存和成功两个维度对企业创业绩效进行衡量。

（3）客观评价法和主观评价法综合使用，将创业者的主观满意感纳入创业绩效的评价指标。创业者的满意感一方面将会直接影响其是否愿意继续从事现有的创业活动；主观评价指标虽然被研究者所采用，但是采用客观数据的研究较多。Cooper和Artz提出将创业者的初始创业动机与目标纳入创业绩效的主观衡量绩效。

三、社会资本对企业创业绩效的研究综述

目前，关于社会资本与企业创业绩效的相关研究为数不多，对社会资本与企业创业绩效的关系，国内外学者的相关研究也相对较少，就已有的文献查阅来看，主要的研究结论基本都支持了社会资本对企业创业绩效的正向影响作用。学者的研究主要分成以下两种。

第一，从社会资本的各个维度和企业创业绩效的各个维度来分析。房路生、王正斌、顾颖对社会资本对创业绩效内在机理进行了分析，将社会资本分成三个维度，关系维度、结构维度和认知维度来研究社会资本对创业绩效的影响。结果显示，创业者关系维度社会资本显著影响创业生存绩效和发展绩效，但是对企业创业成功绩效呈负相关；创业者结构维度社会资本对创业生存与成功绩效均呈显著正相关；创业者认知维度社会资本显著影响创业生存绩效，但是与创业成功绩

效负相关。杨隽萍、陈洋研究了社会资本的结构、关系、认知维度对创业绩效的影响，其研究成果显示，社会资本对科技型创业企业的成长有正向的影响作用，同时社会资本对非科技创业者的影响也很大，稠密的社会关系和强联结的网络结果给企业成长带来更大的帮助。陈昕将社会资本分成创业者人力资本和社会资本，分析人力资本和社会资本各个维度对创业绩效的影响，发现创业者人力资本各变量与创业绩效、创业者社会资本各变量与创业绩效存在显著相关关系。马丽媛以第三产业上市公司为对象，将社会资本分成纵向关系网络、横向关系网络和社会关系网络三个维度，实证研究社会资本各个维度对企业绩效的影响，研究结果表明，社会资本总体上对企业创业绩效影响显著。王前锋、于蕾以江苏省上市公司为例对"社会资本对企业绩效的影响"实证研究发现，创业者的政府资本和市场资本对企业绩效具有显著的影响，创业者的个人声誉对企业绩效的影响不显著甚至产生负面影响。王林雪、刘喜梅研究了社会资本对企业成长绩效的作用机制，认为社会资本先是转化为企业社会资本，然后通过整个组织内部的学习、运用，再转化为企业的成长绩效。

第二，增加中介变量和调节变量，分析社会资本对企业创业绩效的影响。杨俊、张玉利详细阐述了资源整合效率和效果在社会资本利用水平与创业初期绩效之间的中介作用，同时分析了创业机会属性在社会资本利用方式与创业初期绩效之间的调节作用。胡望斌、张玉利、牛芳等通过对 199 家创业企业进行调查研究，收集数据，实证分析了企业创业导向对企业创业绩效的影响，研究结果表明，创业导向对企业的成长水平具有正向的影响作用。同时，胡望斌等还引入了调节变量和中介变量，分析企业经济结构在创业导向对创业绩效的影响中是否具有调节作用，动态能力在其中是否具有中介作用，研究结果是肯定的。

目前，学者们都比较认同社会资本对企业创业绩效的正向影响作用，但是社会资本各个维度对创业绩效各个维度的影响都展开了研究，但是对研究结果并没有形成一致观点。增加中介变量和调节变量，来分析社会资本对创业绩效的影响，选取的中介变量和调节变量有限，对研究结果也没有形成一致观点。对这方面的研究还需要学者们进一步探讨。

第十一章　社会资本、创业导向对小微企业创业绩效影响的模型设计

第一节　小微企业研究综述

一、小微企业定义及特征

小微企业是由中国首席经济学家郎咸平教授提出的,包括个体工商户、家庭作坊式企业、小型企业、微型企业四种。按照《中小企业划型标准规定》,中小企业划分为中型、小型、微型三种类型。

2012年4月,在中国社会科学院金融研究所举办的中国小微企业融资——创新与发展高层论坛上,中国银行业协会专职副会长杨再平总结了小微企业的特点:单个小微,总和重要,具有很高的成长性;融资不能完全依靠市场,融资需求具有"急、小、短"的特点,融资成本高,融资风险高;一般处于创业初期,寿命较短;财务报表不够规范,经营管理不完善,治理结构不够规范。具体说来,小微企业的特点主要有以下四点:

(1) 多元化的投资主体和组织形式。小微企业的投资主体多样,与学历、工作背景没有很大关系,从大专毕业生到征地拆迁失地农民,从退伍军人到农民工都可以是小微企业的投资主体。小微企业的组织形式多样,有限责任公司、合伙企业、独资企业、个体工商户、农民专业合作社都是小微企业的组织形式。

（2）多元化的出资来源和形式。小微企业的出资来源多样，一般都没有正式的融资渠道，主要来源是自有资金、亲戚朋友的借款。出资形式也有多种，包括实物资产、知识产权和货币资金。小微企业由于其特殊性，不要求有先进的工具和设备、高新技术，也没有特定的场地要求，固定资本投入少。

（3）灵活的生产销售。小微企业以劳动密集型为主，产品生产灵活，运作方式灵活而富有流动性。员工以本地人为主，产品市场以本地市场为主，基本上都是直销。

（4）松散的内部管理。小微企业员工以家庭成员为主，有时也会雇佣少量员工，员工大多都是正式的就业渠道不能就业的人。企业没有完善的岗位职责、薪酬和绩效管理制度，员工流动性较大，企业的财务管理也不规范，没有完整的财务管理体系。企业管理以家族式管理为主，松散，不稳定。

近年来，小微企业发展得如火如荼。根据世界银行的统计，我国目前约有6000万中小微企业，占全国企业总数的99%，它们不仅活跃了市场环境、创造就业机会，并且在增加税收和保持社会稳定方面做出了不可估量的贡献。小微企业融资问题是当前小微企业的研究重点。资金问题一直是困扰企业发展的重要问题。据调查，资金问题在影响企业发展的因素中占近56%，除此之外，技术、人才、政策等因素也是企业发展的重要影响因素。由于规模小，实力薄弱，再加上数量众多，在目前的金融体制下，当遇到资金短缺、融资困难时，小微企业很难获得银行的贷款。融资问题一直是小微企业的发展瓶颈。

二、小微企业相关政策

2011年10月12日，国务院从金融信贷融资和财税政策两方面出台了九条政策支持小微企业发展，之后，其他部门也开始推动相关政策以扶持小微企业发展。2011年10月25日，银监会发布《中国银监会关于支持商业银行进一步改进小型微型企业金融服务的补充通知》，从融资贷款等方面对小微企业提供政策支持。2011年11月，财政部和发改委发出通知，在未来3年免征小型微型企业22项行政事业性收费，以改善小微企业的生存环境，减轻企业负担，为企业发展提供良好的环境。同时，随着财政部在财政方面对小微企业的支持，货币政策也开始出现局部宽松的趋势。

三、小微企业创业绩效的研究综述

除了前文所述创业绩效的三个维度研究，考虑到小微企业规模小、经营灵活、发展潜能弱的特点，本书认为，小微企业的创业绩效突出体现为生存绩效，发展绩效并不突出。单纯从财务和非财务指标来衡量小微企业创业绩效，忽视了创业者在小微企业创立和经营过程中的作用；单纯从主观标准和客观标准来衡量小微企业创业绩效，忽视了财务指标在衡量企业创立和经营过程中的作用。因此，本书将采用主观满意感和客观标准相结合，财务和非财务标准相结合的办法。

第二节　创业导向研究综述

一、创业导向的概念

从 20 世纪 70 年代开始，管理学者开始探讨创业导向的概念，并展开创业导向的相关研究。其中 Miller 等、Covin 等以及 Lumpkin 等掀起了创业导向研究的热潮，他们进一步拓展了创业导向的概念，并开发出了测量工具。学者们普遍认为创业导向能够推动改进现有组织和成立新组织，提高组织绩效。学者们从各个角度对创业导向的定义进行研究，创业导向的定义如表 11-1 所示。

表 11-1　创业导向的定义

研究者	定义
Covin、Miles、Zahra 和 Nielson Bogner	企业的创业导向可以看作一种组织文化，它是组织保持竞争优势的源泉。创业导向是无形的，它被分散到组织成员当中，并嵌入组织的日常工作
李霄、盛怡、毛雪莲	创业导向是企业积极进取的独特理念，蕴含在企业制定战略时的运营管理、组织设计和资源优化配置等方面
赵永强	创业导向是企业的战略决策观念与模式，具有创新性、承担风险性和超前行动性，它有助于培养企业竞争优势、建立企业发展目标、实现企业愿景

续表

研究者	定义
王建中	创业导向是企业为了追逐机会或扩张而采取的决策模式,富有战略前瞻性、勇于创新性
苏晓华、王平	创业导向是指新进入（New Entry）的过程、实践和决策行为,新进入机会可以通过主观的行动来实现,包括创建企业的关键人物在动态环境中的意图和行为
Lynn B. E.	创业导向是指企业为获得竞争优势在战略选择时采取的行为,包括主动采取措施和积极参与竞争者竞争活动、积极承担企业活动相关的风险、乐于接受改变和创新等
Lumpkin 和 Dess	创业导向是一个创业过程,强调企业创业方式、决策和实践方法。从这个角度来看,创业导向包括企业主动把握市场机会,开发和推出新产品；通过对市场调研后,采用市场前景广阔的新技术
Voss、Moorman	创业导向是参与组织与市场变革的一种企业水平的行为倾向
李雪灵、姚一玮、王利军	创业导向是企业先动趋向和风险承担的倾向,以创新为核心,它引导企业整合资源,把握商机,开发新产品和提供新服务进入市场,谋求行业领导地位

从以上学者的分析可以发现,关于创业导向的定义可以分成三种：第一种是文化观,认为创业导向是一种文化；第二种是行为观,认为创业导向是企业采取的行为；第三种是从战略观的角度来看,认为创业导向是企业的决策模式。

将创业导向认为是一种文化,将创业导向等同于企业文化,没有突出创业导向的引导作用；将创业导向认为是一种行为,将创业导向等同于企业行为,夸大创业导向的作用。因此,本书认为,创业导向是企业在发展过程中采用的决策模式或形成的战略观念。

二、创业导向的维度

现有文献对创业导向的维度划分为三种方法：

（1）以 Miller 和 Friosen 为代表的根据创业企业特征为标准的维度划分成两种。Miller 和 Friesen 首次对创业导向的维度进行了划分,包括创新性、冒险性和先动性三个维度。Lumpkin 和 Dess 在 Miller 的基础上增加了两个维度,自治和竞争侵略性,认为创业导向的维度包括创新性、冒险性、先动性、自治、竞争侵略性五个维度。Knight 后来又对这些维度进行了合并,只保留了创新性和先动性两个维度。

(2) 以 Guth 和 Ginsberg 为代表的根据创业企业特定行为为标准的维度划分方法。Guth 和 Ginsberg 认为，创业导向维度包括两个：内部创新或新业务开拓和战略更新。Zahra 对这种划分方式也比较认同，在其后来的研究中，将创业导向分成两个维度，即战略更新和内部创新或者称为新业务开拓。Covin 和 Miles 从创业行为类型角度来看，创业导向可以分成四个维度，即持续的重构，组织的变革，战略的更新和业务领域的重新界定。

(3) 综合采用 Miller 和 Friosen、Guth 和 Ginsberg 的划分方法。Hayton 比较认同这一划分方式，在其研究智力资本对高新技术企业创业导向的影响中，他把高新技术企业的创业导向划分为创新、新业务开拓和战略更新三个维度。Antonic 和 Hisrich 把创业导向划分为新业务开拓、创新、先动性和战略更新四个维度。Stam 和 Elfring 把创业导向划分为创新性、新业务开拓、风险承担和超前行动四个维度。

从各个学者的研究来看，大部分学者都比较认同 Miller 和 Friesen 的观点，将创业导向分为创新性、冒险性和先动性三个维度。对创业导向维度的划分基本上都是在此基础上进行拓展的。本书采用 Miller 和 Friesen 的观点将创业导向分为创新性、冒险性和先动性三个维度。

三、创业导向对企业创业绩效的研究综述

从战略管理的角度看，创业导向被认为是导致创业成功的重要因素。国内外很多的公司创业研究结论表明，创业导向是促进组织成功的重要因素。学者的实证研究结果主要分成两种。

第一种，从总体上看，创业导向与企业绩效间呈正向影响关系。Morris 和 Sexton，Becherer 和 Maurer，Zahra 和 Garvis，Yusuf，Covin，Green 和 Slevin、Wiklund 和 Shepherd，Jantunen 等，reneHau-Siu Chow 的研究结果均支持了这一观点。Knight 认为，创业导向能促进创业绩效的提高。因为在经济全球化和贸易多元化的国际背景下，创业导向可以推动跨国企业实施市场战略，加速跨国企业实施海外市场开发，有助于提高企业绩效。

第二种，从创业导向的各个维度来看，创业导向的各个维度对创业绩效的影

响是不一样的。Tang、Kreiser 和 Mrino 认为,创业导向的各个维度对企业绩效的关系是不同的。Shane 和 Venkataraman、Wang 的实证研究也表明了同样的观点,其研究显示,创业导向的创新性维度正向影响企业绩效,创业导向的冒险性维度同企业绩效之间的关系是非线性。Lumpkin 和 Dess 研究了创业导向的各个维度对创业绩效的影响,它将创业导向分成先动性维度、竞争侵略性维度、环境动态性维度。研究发现先动性维度对于企业的销售回报、销售增长和获利性都具有显著的正向影响,而竞争侵略性维度对企业的销售增长、销售回报和获利性都几乎没有影响,并且环境动态性维度会增强先动性与绩效的正向关系。

学者们基本上都认为创业导向对创业绩效具有正向的影响作用,但是创业导向各个维度对创业绩效的影响并没有达成一致观点,需要进一步探讨。

第三节 概念模型

关于社会资本对小微企业创业绩效的影响,国内外的大部分学者都认为,社会资本对小微企业创业绩效有正向的影响。从战略管理的角度看,创业导向被认为是影响创业成功的重要因素,许多研究认为,创业导向对企业绩效具有直接的促进作用。但是学者并没有从社会资本和创业导向的各个维度来研究其对小微企业创业绩效的影响,本书进行了社会资本和创业导向各个维度对小微企业创业绩效的影响研究。同时为了进一步深入探讨社会资本、创业导向对小微企业创业绩效的影响,本书将创业导向作为调节变量和中介变量,分析其在社会资本对小微企业创业绩效影响中是否存在调节效应和中介效应。

一、概念模型

通过梳理学者们的相关研究,借鉴其研究成果,再结合实际情况,本书构建出社会资本、创业导向和小微企业创业绩效的模型,具体如图 11-1 所示。

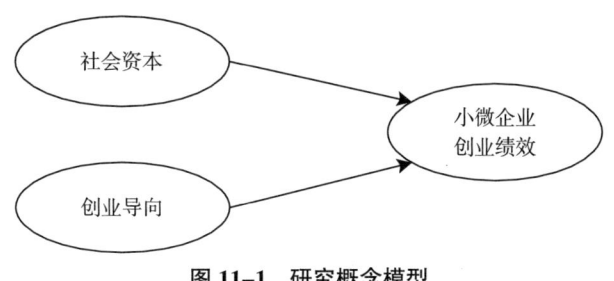

图 11-1　研究概念模型

二、研究假设

（一）社会资本对小微企业创业绩效有影响作用

如文献中所述，社会资本对科技型创业企业的成长有正向的影响作用，同时社会资本对非科技创业者的影响也很大，稠密的社会关系和强联结的网络结果，对企业成长带来更大的帮助。学者们的主要研究结论基本都支持了社会资本对企业创业绩效的正向影响作用。社会资本主要包括三个维度，即关系资本、结构资本、认知资本。

因此根据模型，本书做如下假设：

H1：关系资本对小微企业创业绩效有正向的影响作用。

H2：结构资本对小微企业创业绩效有正向的影响作用。

H3：认知资本对小微企业创业绩效有正向的影响作用。

（二）创业导向对小微企业创业绩效有影响作用

以往学者的研究成果显示，具有创业导向的企业会积极去开发新产品、新技术，更有可能率先利用新机会，创造先动优势，从而在市场细分和产品定位方面更胜一筹。学者们的主要研究结论基本都支持了社会资本对企业创业绩效的正向影响作用。创业导向包括创新性、冒险性和先动性三个维度。

因此根据模型，本书做如下假设：

H4：创新性对小微企业创业绩效有正向的影响作用。

H5：冒险性对小微企业创业绩效有负向的影响作用。

H6：先动性对小微企业创业绩效有正向的影响作用。

第十二章 社会资本和小微企业创业绩效的因子分析

第一节 研究设计与研究方法

一、研究对象

本书的研究对象是全国小微企业的创业者。研究的主题是社会资本、创业导向对小微企业创业绩效的影响。为了保证研究的效果,本书所选的研究对象必须满足以下条件:①创业者均为亲自创办企业的人,实现了企业从无到有的过程,而不是由于家族继承或者从企业的中层干部提拔为总经理或者董事长的创业者。②企业必须是小微企业,并且生存时间为 2 年以上。

二、数据来源与收集

(一)问卷设计

目前关于社会资本、创业导向、小微企业创业绩效均已有比较成熟的量表,为确保测量工具的效度及信度,本书中问卷调查中测量题项以现有国内外文献中已经使用过的、具有良好信度和效度的测量题项为基础,再结合小微企业的特点,对测量题项进行修缮。再对创业者进行预调研访谈,讨论并修改题项,在此基础上形成问卷的最终稿,最后在大样本调研的基础上,通过数据收集、归纳与统计整理，得出最终研究结果。

问卷设计总体按照定性与定量相结合的方法，主要的题项均按照李克特（Liket Scale）量表法进行设计。采用5级打分法，5分表示在该题项中，被调查者非常同意关于该项的陈述，4分、3分、2分、1分的同意程度依次递减，分别为较同意、基本同意、较不同意、非常不同意。每份问卷针对一个创业者，从客观上对社会资本的影响以及小微企业创业绩效的程度加以打分评价。

（二）数据收集

在确定研究范围和研究问题之后，由于本次调研对象是小微企业的创业者，样本数量比较多，比较容易获得。为了保证样本来源的广泛性和代表性，本次问卷调研数据来源主要是从以下三个方面获取：①根据个人关系，拜访一些创业者，跟他们阐述清楚本项研究的目的和研究背景，探讨社会资本、创业导向、创业绩效构成及影响因素，同时请他们帮忙介绍其他创业者进行访谈调研。②利用江西师范大学商学院攻读MBA的学员。对MBA学员中的小微企业创业者进行访谈，并填写问卷。③挑选一些学生，进行相关的培训，利用寒假，请学生将问卷带回家，对身边的小微企业进行调研，填写问卷。本次共发出问卷720份，收回650份。其中有效问卷552份。问卷的有效回收率为76.67%。

（三）问卷内容

本书的问卷设计是围绕社会资本、创业导向对小微企业创业绩效影响主题而展开的，为了保证问卷能充分体现本书研究内容，为本书提供充分、全面、有效的数据，为接下来运用收集到的数据进行因子分析、多元线性回归分析、结构方程模型等统计分析，本问卷的内容主要分成两大部分，第一部分是创业者的基本信息，包括创业者年龄、学历，创业所属的行业，从事相关行业的时间等；第二部分是社会资本、创业导向、创业绩效的测量。社会资本的构成分为关系资本、结构资本和认知资本三个维度；创业导向从创新性、风险性、先动性三个维度进行测量，小微企业创业绩效指标包括生存绩效指标和成功绩效指标等。

三、变量测量

(一) 社会资本

社会资本的维度有关系维度、认知维度和结构维度，具体题项如表 12-1 所示。

表 12-1 社会资本的测量选择指标

变量		题项
社会资本	关系维度	我特别信赖亲人、朋友，他们会支持我，帮助我解决创业中的困难
		我和亲人、朋友之间相互信守诺言
		第一次和政府打交道，我相信政府颁布的相关政策、法规
		我和政府等部门人员建立私人关系后，更相信一些政策法规
		第一次和商业伙伴合作，我相信企业的合同及承诺
		我和相关的商业伙伴建立私人关系后，更相信合同及承诺
	认知维度	我和交往的群体都拥有共同的语言和话题
		我经常和别人谈心、交心
		我能与人有效地沟通
		我和交往的群体拥有相同的价值观
	结构维度	我在企业、政府等部门都有很多朋友（15 人以上）
		我和这些朋友关系非常要好
		我与这些社会关系经常走动、联络
		我是关系圈子里的核心人物
		我经常帮圈子里的朋友处理一些他们棘手的事情

(二) 创业导向

创业导向分为创新性、冒险性和先动性三个维度，具体题项如表 12-2 所示。

表 12-2 创业导向的测量选择指标

变量		题项
创业导向	创新性	在过去三年里，企业增加了很多新的产品或服务
		在过去三年里，企业对当前产品或服务进行了大幅度更改
	风险性	企业更偏好高风险项目
		面对不确定性，企业倾向于积极采取行动来抓住机会

续表

变量		题项
创业导向	风险性	为了实现经营目标，企业更倾向于采取大胆而突变的行动
		在不确定情况下，企业能够承受经济损失的程度高
	先动性	企业常率先发起竞争行为，然后竞争对手做出反应
		企业常率先引入产品服务，管理技巧和生产技术等
		总体上，企业非常强调先于竞争对手采用新产品或创意
		企业密切关注市场发展动向和客户的需求方向，事先掌握机会，提早行动

（三）小微企业创业绩效

小微企业创业绩效以生存绩效为主，本书主要从生存绩效衡量，并且从主观和客观两个方面来衡量小微企业创业绩效。具体题项如表 12-3 所示。

表 12-3 小微企业创业绩效的测量选择指标

变量	题项
小微企业创业绩效	企业目前经营状况良好
	企业能很好地应对生存危机
	顾客对企业的满意度非常高
	企业会持续经营至少 5 年以上

第二节　数据分析方法及问卷的信度效度检验

一、数据分析方法

本书以问卷调查的数据作为研究基础，分析主要分成两部分，第一部分是对数据进行描述性统计、信度与效度检验；第二部分是在信度和效度检验后，问卷数据在良好的情况下再进行相关分析、多元回归分析和结构方程模型分析。在此过程中，需要使用的软件是 Excel 2007、SPSS 19.0 和 Liesrel 8.70。

(一) 描述性统计分析

针对创业者的基本资料,主要从创业者性别、年龄、学历等方面进行统计分析,说明不同性别、不同年龄、不同学历在创业者之间的分布情况,各占总数量的百分比情况;针对企业的基本资料,主要从企业规模和企业性质进行统计分析,说明不同的企业规模、不同的企业性质在企业总量之间的分布情况,各占百分比情况。

样本分布情况主要通过创业者性别、学历、所属行业、从事相关行业的时间来进行分析。具体数据如表12-4、表12-5、表12-6、表12-7和表12-8所示。

表12-4 样本的性别分布

性别	人数(人)	百分比(%)
男	377	68.30
女	175	31.70
总计	552	100.00

从表12-4可知,样本统计的创业者男性377人,占总样本比例为68.30%,女性175人,占总样本比例31.7%。

表12-5 样本的年龄分布

年龄	人数(人)	百分比(%)
25岁以下	126	22.83
25~34岁	130	23.55
35~44岁	190	34.42
45~54岁	97	17.57
55岁及以上	9	1.63
总计	552	100.00

从表12-5可知,35~44岁的创业者居多,有190人,所占比例为34.42%;25岁以下的创业者有126人,所占比例为22.83%;25~34岁的创业者有130人,所占比例为23.55%;45~54岁的创业者有97人,所占比例为17.57%;55岁及以上的创业者有9人,所占比例为1.63%。

表 12-6 样本的学历分布

学历	人数（人）	百分比（%）
小学及以下	27	4.89
初中	153	27.72
高中	145	26.27
大专或本科	223	40.40
硕士及以上	4	0.72
总计	552	100.00

从表 12-6 可知，具有大专或本科学历的创业者人数居多，有 223 人，所占样本比例为 40.40%；次之是初中和高中学历，分别为 27.72% 和 26.27%。小学及以下学历的创业者数量很少，只有 27 人，所占比例为 4.89%。硕士及以上学历的创业者数量非常少，为 4 人，所占比例为 0.72%。

表 12-7 样本企业的企业规模分布

企业月均销售额	数量（家）	百分比（%）
2 万元及以下	146	26.45
2.1 万~10 万元	226	40.94
10.1 万~20 万元	103	18.66
20.1 万~50 万元	49	8.88
50 万元以上	28	5.07
总计	552	100.00

从表 12-7 中企业规模来看，月销售收入在 2.1 万~10 万元的企业居多，有 226 家，所占比例为 40.94%；次之是月销售收入在 2 万元及以下的企业有 146 家，所占比例为 26.45%；月销售收入在 10.1 万~20 万元的企业有 103 家，所占比例为 18.66%；月销售收入在 20.1 万~50 万元的企业有 49 家，所占比例为 8.88%；月销售收入在 50 万元以上的企业非常少，只有 28 家，所占比例为 5.07%。

表 12-8 样本企业的性质

企业性质	数量（家）	百分比（%）
个体工商户	366	66.30
合伙企业	105	19.02
有限责任公司	73	13.22
其他	8	1.45
总计	552	100.00

从表 12-8 中企业性质来看，大部分的企业为个体共商户，有 366 家，所占比例为 66.3%；合伙企业有 105 家，所占比例为 19.02%；有限责任公司有 73 家，所占比例为 13.22%。

（二）信度、效度检验

信度衡量问卷效果的一致性和稳定性，在统计学，衡量问卷的信度常用的标准是 Cronbach's Alpha 值。在研究中，将每一个变量所对应的问卷题项都进行 Cronbach's Alpha 值的信度评价。一般情况下，Cronbach's Alpha 值在 0.4 以上为可以接受的范围。大于 0.4，说明测量资料具有一定的可信度；大于 0.7，说明测量资料可信度很高。效度是指设计的问卷能否正确测量出被测对象性质，即测量结果是否有效。

（三）多元线性回归分析

本书以多元回归分析探讨创业导向在社会资本对小微企业创业绩效影响中是否具有调节效应。

（四）结构方程模型分析

本书运用结构方程模型再进行如下分析：①用 SEM 检验模型，进行路径分析并检验研究假设。②绘出路径分析图，考察社会资本、创业导向各个维度对小微企业创业绩效的影响研究以及创业导向在社会资本对小微企业创业绩效影响中是否存在中介效应。

二、问卷的信度效度检验

本书对模型和假设中的变量首先进行信度分析，当信度系数 Alpha 值大于

0.5 时才可做进一步分析。一般认为,当结果表明总信度系数 Alpha 值在 0.8 以上最好,认为可靠性非常强,如果在 0.7~0.8,也是可以接受的。分量表信度系数在 0.7 以上为最好,0.6~0.8 也是可以接受的范围。本问卷的 Alpha 值具体如表 12-9 所示。

表 12-9 各个维度的 Alpha 值

因素	Cronbach's Alpha
总体	0.871
社会资本	0.826
关系资本维度	0.755
认知资本维度	0.696
结构资本维度	0.79
创业导向	0.821
创新性维度	0.715
风险性维度	0.753
先动性维度	0.721
小微企业创业绩效	0.712

从表 12-9 可知,不论是分量表还是总量表,Cronbach's Alpha 均在 0.6~0.8,是可以接受的范围,因此适合做因子分析。

第三节 验证性因子分析

一、一阶确认性因子分析

(一)总效度分析

通过 SPSS 对社会资本、创业导向和小微企业创业绩效题项进行因子分析,结果显示 KMO 值为 0.866,样本分布的 Bartlett Test 的卡方检验值为 4801575,

显著性水平为 0.000，表明原始数据非常有效，适合做因子分析。模型的因子分析结果如表 12-10 所示。

表 12-10 社会资本、创业导向和小微企业创业绩效主成分方差分析

成分	解释的总方差					
	初始特征值			提取平方和载入		
	合计	方差的 (%)	累积 (%)	合计	方差的 (%)	累积 (%)
1	6.489	22.376	22.376	6.489	22.376	22.376
2	2.977	10.266	32.642	2.977	10.266	32.642
3	1.956	6.744	39.386	1.956	6.744	39.386
4	1.678	5.785	45.172	1.678	5.785	45.172
5	1.267	4.368	49.540	1.267	4.368	49.540
6	1.068	3.684	53.224	1.068	3.684	53.224
7	1.034	3.565	56.789	1.034	3.565	56.789
8	0.917	3.163	59.953			
9	0.854	2.946	62.899			
10	0.827	2.853	65.752			
11	0.792	2.731	68.484			
12	0.706	2.433	70.917			
13	0.685	2.363	73.279			
14	0.654	2.255	75.734			
15	0.638	2.200	77.734			
16	0.622	2.143	79.878			
17	0.598	2.062	81.939			
18	0.542	1.870	83.809			
19	0.524	1.808	85.618			
20	0.497	1.713	87.331			
21	0.473	1.632	88.964			
22	0.465	1.602	90.566			
23	0.454	1.565	92.130			
24	0.443	1.529	93.659			
25	0.433	1.494	95.153			

续表

成分	初始特征值			提取平方和载入		
	合计	方差的（%）	累积（%）	合计	方差的（%）	累积（%）
26	0.401	1.381	96.534			
27	0.362	1.247	97.782			
28	0.330	1.138	98.920			
29	0.313	1.080	100.000			

解释的总方差

从表12-10可知，因子分析结果显示，运用主成分分析法共提取出7个主成分，5个主成分累积贡献率达到56.789%，大于50%，说明该量表主要可以用前7个主成分进行解释。碎石图如图12-1所示。

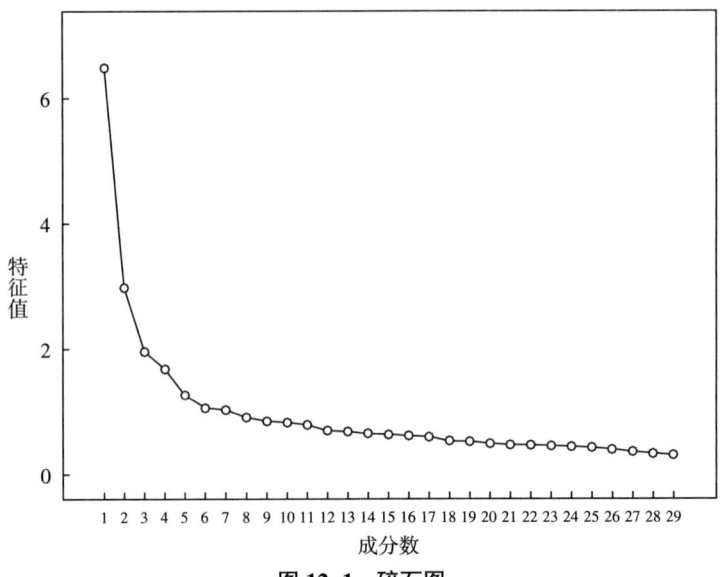

图12-1 碎石图

碎石图反映了公因子对量表的累积有效程度较好，然后我们对7个主要成分结合最大方差旋转法进行分析，结果如表12-11所示。

表 12-11 旋转成分矩阵

	成分						
	1	2	3	4	5	6	7
SC11			0.711				
SC12			0.685				
SC13			0.643				
SC14			0.650				
SC15			0.507				
SC16			0.538				
SC21						0.695	
SC22						0.706	
SC23						0.646	
SC24						0.628	
SC31	0.729						
SC32	0.699						
SC33	0.783						
SC34	0.606						
SC35	0.614						
EO11							0.738
EO12							0.673
EO21		0.787					
EO22		0.556					
EO23		0.718					
EO24		0.613					
EO31				0.614			
EO32				0.544			
EO33				0.697			
EO34				0.662			
EP1					0.745		
EP2					0.740		
EP3					0.619		
EP4					0.629		

注：提取方法：主成分法。
旋转法：具有 Kaiser 标准化的正交旋转法。

从表 12-11 可知，旋转后的因子载荷阵比较好，都在 0.5 以上，说明测量是有效的。根据表 12-11 可知，第 1 因子最大载荷为 0.729（结构维度），第 2 因子最大载荷 0.787（风险性维度），第 3 因子最大载荷为 0.711（关系维度），第 4 因子最大载荷为 0.697（先动性维度），第 5 因子最大载荷为 0.745（小微企业创业绩效），第 6 因子最大载荷为 0.706（认知维度），第 7 因子最大载荷为 0.738,（创新性维度）。旋转后各因子最大载荷数值均较大，体现了各个维度具有一定的独立性和稳定性，说明问卷的内部结构较为理想。

（二）社会资本的效度分析

社会资本的效度分析结果如表 12-12 所示。

表 12-12 社会资本量表模型的适配指标

GFI	AGFI	NFI	NNFI	CFI	IFI	RFI	SRMR	RMSEA
0.93	0.90	0.93	0.93	0.95	0.95	0.91	0.051	0.068

从表 12-12 可知，本模型的 GFI、AGFI、NFI、NNFI、CFI、IFI、RFI 分别为 0.93、0.90、0.93、0.93、0.95、0.95、0.91，均大于 0.9，SRMR 为 0.051，小于 0.5，RMSEA 为 0.068，位于 0.05~0.08，因此从各方面说明社会资本量表模型具有良好的适配指数。社会资本各个题项的因子载荷如图 12-2 所示。

从图 12-2 可知，社会资本的各个题项的因子载荷基本上都在 0.5 以上。自由度 df = 87，χ^2 = 310.47（P = 0.0），概度比率卡方考验值为 3.569，位于 2~5，是可以接受的范围。

（三）创业导向的效度分析

创业导向的效度分析如表 12-13 所示。

从表 12-13 可知，本模型的 GFI、AGFI、NFI、NNFI、CFI、IFI、RFI 分别为 0.96、0.94、0.96、0.96、0.97、0.97、0.94，均大于 0.9，SRMR 为 0.044，小于 0.5，RMSEA 为 0.065，位于 0.05~0.08，因此从各方面说明创业导向量表模型具有良好的适配指数。创业导向各个题项的因子载荷如图 12-3 所示。

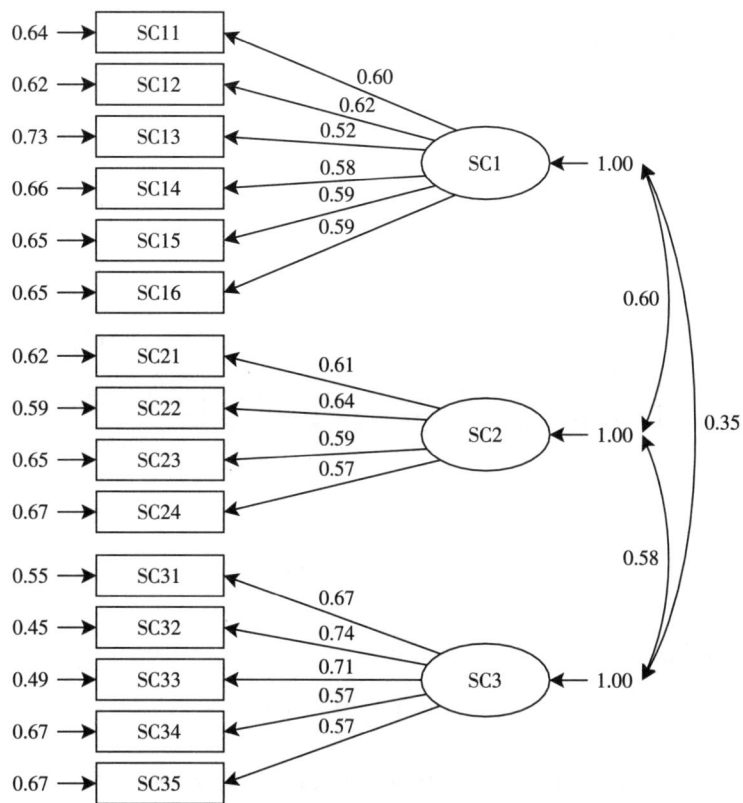

图 12-2 社会资本各个题项的因子载荷

表 12-13 创业导向量表模型的适配指标

GFI	AGFI	NFI	NNFI	CFI	IFI	RFI	SRMR	RMSEA
0.96	0.94	0.96	0.96	0.97	0.97	0.94	0.044	0.065

从图 12-3 可知，创业导向的各个题项的因子载荷基本上都在 0.5 以上。自由度 df = 32，χ^2 = 106.03（P = 0.0），概度比率卡方考验值为 3.313，位于 2~5，是可以接受的范围。

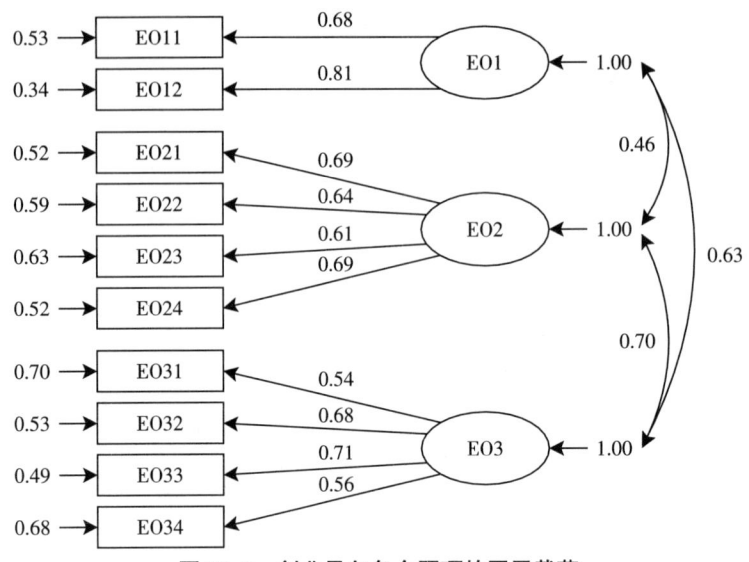

图 12-3 创业导向各个题项的因子载荷

(四) 小微企业创业绩效的效度分析

小微企业创业绩效的效度分析如表 12-14 所示。

表 12-14 小微企业创业绩效量表模型的适配指标

GFI	AGFI	NFI	NNFI	CFI	IFI	RFI	SRMR	RMSEA
0.99	0.93	0.97	0.92	0.97	0.97	0.91	0.033	0.11

从表 12-14 可知，本模型的 GFI、AGFI、NFI、NNFI、CFI、IFI、RFI 分别为 0.99、0.93、0.97、0.92、0.97、0.97、0.91，均大于 0.9，SRMR 为 0.033，小于 0.5，RMSEA 为 0.11，不位于 0.05~0.08，因此从各方面说明小微企业创业绩效量表模型具有良好的适配指数。小微企业创业绩效各个题项的因子载荷如图 12-4 所示。

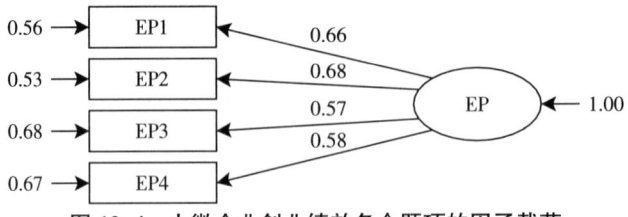

图 12-4 小微企业创业绩效各个题项的因子载荷

从图 12-4 可知，小微企业创业绩效的各个题项的因子载荷基本上都在 0.5 以上。自由度 df = 2，χ^2 = 15.11（P = 0.0），概度比率卡方考验值为 7.53。创业导向的各个问项的因子载荷基本上非常接近 0.5。

二、二阶确认性因子分析

（一）社会资本二阶确认性因子分析

社会资本二阶量表模型的适配如表 12-15 所示。

表 12-15　社会资本二阶模型的适配指标

GFI	AGFI	NFI	NNFI	CFI	IFI	RFI	SRMR	RMSEA
0.93	0.90	0.93	0.93	0.95	0.95	0.91	0.051	0.068

从表 12-15 可知，本模型的 GFI、AGFI、NFI、NNFI、CFI、IFI、RFI 分别为 0.93、0.90、0.93、0.93、0.95、0.95、0.91，均大于 0.9，SRMR 为 0.051，小于 0.5，RMSEA 为 0.068，位于 0.05 到 0.08，因此从各方面说明社会资本量表模型具有良好的适配指数。社会资本的二阶因子载荷如图 12-5 所示。

从图 12-5 可知，自由度 df = 87，χ^2 = 310.47（P = 0.0），概度比率卡方考验值为 2.419，位于 2~5，是可以接受的范围。社会资本与关系资本、结构资本、认知资本的因子载荷都比较高，表现出优越的模型拟合。

（二）创业导向二阶确认性因子分析

创业导向二阶量表模型的适配如表 12-16 所示。

从表 12-16 可知，本模型的 GFI、AGFI、NFI、NNFI、CFI、IFI、RFI 分别为 0.96、0.94、0.96、0.96、0.97、0.97、0.94，均大于 0.9，SRMR 为 0.044，小于 0.5，RMSEA 为 0.065，位于 0.05~0.08，因此从各方面说明创业导向量表模型具有良好的适配指数。创业导向的二阶因子载荷如图 12-6 所示。

从图 12-6 可知，自由度 df = 32，χ^2 = 106.03（P = 0.0），概度比率卡方考验值为 3.313，位于 2~5，是可以接受的范围。创业导向与其创新性维度、先动性维度、风险性维度因子载荷都比较高，表现出优越的模型拟合。

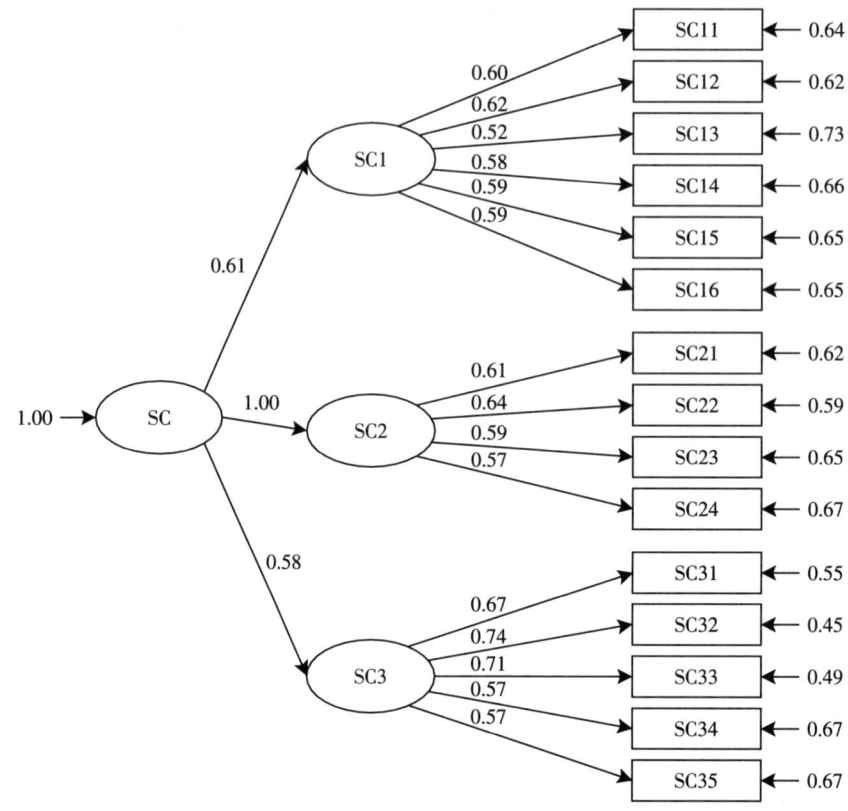

图 12-5　社会资本的二阶因子载荷

表 12-16　创业导向二阶量表模型的适配指标

GFI	AGFI	NFI	NNFI	CFI	IFI	RFI	SRMR	RMSEA
0.96	0.94	0.96	0.96	0.97	0.97	0.94	0.044	0.065

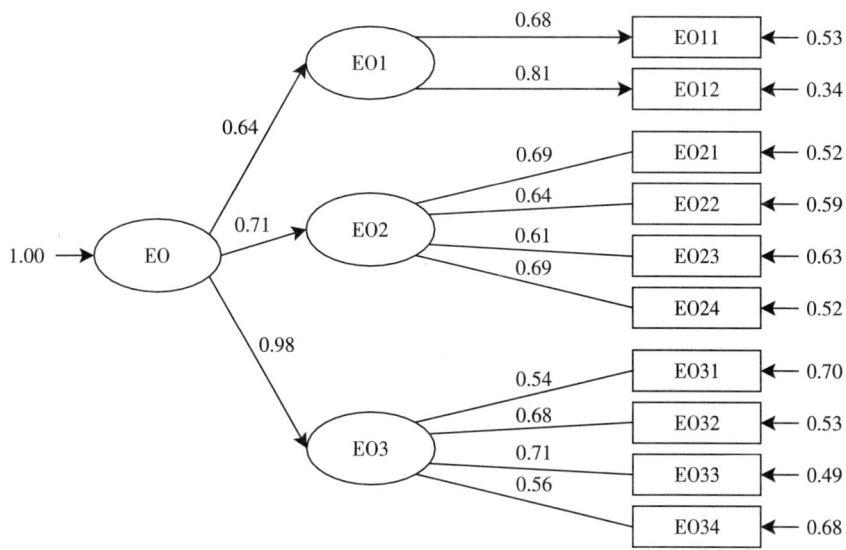

图 12-6 创业导向的二阶因子载荷

第十三章 社会资本、创业导向对小微企业创业绩效的影响分析

第一节 关于控制变量对小微企业创业绩效影响分析

中介变量和因变量除了受自变量的影响以外,可能还会受控制变量的影响。本书中的控制变量主要有两个方面,一方面是创业者层面,包括创业者性别、年龄、文化程度;另一方面是企业层面,包括企业规模和企业性质。书中所有的控制变量均采用编码形式测量,属于分类型变量。利用单因素方差分析可以检验控制变量对中介变量和因变量的影响。在分析自变量对中介变量和因变量的影响效应之前,先对控制变量的影响效应进行分析。

一、创业者层面分析

创业者的性别会影响创业者的思维方式、处理事情的态度和管理模式,这些对小微企业创业绩效都会产生影响,本书将创业者分成男性和女性,分析他们对小微企业创业绩效的影响。

创业者年龄不同,知识构成、知识积累不同,阅历和经验也不同,这些都可能影响到小微企业创业绩效。本文将创业者年龄分成五个阶段,25岁以下、25~34岁、35~44岁、55~54岁、55岁及以上,分析创业者年龄对小微企业创业绩效

的影响。

创业者知识构成和积累不一样，会影响创业者的思维方式和管理模式，这些都可能影响企业的小微企业创业绩效，本文将创业者的文化程度分成五个层次，小学及以下、初中、高中、大专或本科、硕士及以上，分析创业者文化程度对小微企业创业绩效的影响。具体如表13-1所示。

表13-1　创业者层面的方差分析

创业者层面	F值	显著性水平P
性别	0.666	0.517
年龄	1.625	0.166
文化程度	1.942	0.102

本书主要是采用方差分析方法进行控制变量分析。从表13-1得知，性别（F=0.666，P=0.517）、年龄（F=1.625，P=0.166）、文化程度（F=1.942，P=0.102），表明创业者性别、年龄、文化程度对小微企业创业绩效的影响不显著。

二、企业层面分析

小微企业的规模可能会影响公司创业导向的建立和提升，从而相应地对小微企业创业绩效有所影响。本书中样本企业的规模按照企业月销售额的标准划分为5组，即2万元及以下、2.1万~10万元、10.1万~20万元、20.1万~50万元、50万元以上。

企业性质可能会影响创业导向的建立和提升，从而影响小微企业创业绩效的实现。本书把小微企业的性质分成四种：个体工商户、合伙企业、有限公司、其他。分析企业性质对小微企业创业绩效的影响。具体如表13-2所示。

表13-2　企业层面的方差分析

企业层面	F值	显著性水平P
企业规模	1.477	0.208
企业性质	5.141	0.000

从表 13-2 得知，企业规模（F=1.477，P=0.208）、企业性质（F=5.141，P=0.000），表明企业规模对小微企业创业绩效的影响不显著，企业性质对小微企业创业绩效的影响显著。

这说明，不同的企业性质对企业的小微企业创业绩效有明显变化。接下来，为了进一步分析企业性质对小微企业创业绩效的影响是正向的还是负向的，影响程度如何，本书将对此做回归分析。先做社会资本和创业导向对小微企业创业绩效的回归。结果如表 13-3 所示。

表 13-3 社会资本和创业导向对小微企业创业绩效的回归结果

F 值	B 值		T 值	显著性水平 P	是否显著
51.499	Zscore（SC 中）	0.693	6.846	0.000	是
	Zscore（EO 中）	0.386	3.818	0.000	是

从表 13-3 可知，社会资本（T=6.846，P=0.000）、创业导向（T=3.818，P=0.000）表明，社会资本和创业导向对小微企业创业绩效的回归都是显著的。接着再增加自变量企业性质，做回归分析，具体如表 13-4 所示。

表 13-4 社会资本、创业导向和企业性质对小微企业创业绩效的回归结果

F 值	B 值		T 值	显著性水平 P	是否显著
20.868	个体工商户	−0.154	−0.937	0.349	否
	合伙企业	0.002	0.012	0.990	否
	有限公司	0.217	0.894	0.372	否
	Zscore（SC 中）	0.697	6.782	0.000	是
	Zscore（EO 中）	0.367	3.563	0.000	是

从表 13-4 可知，回归方程（F=20.868，P=0.000）、社会资本（T=6.782，P=0.000）、创业导向（T=3.563，P=0.000）个体工商户（T=−0.937，P=0.349）、合伙企业（T=0.012，P=0.990）、有限公司（T=0.894，P=0.372），表明模型总体是显著的，社会资本和创业导向对小微企业创业绩效的回归都是显著的，企业性质对小微企业创业绩效影响的回归分析是不显著的。

第二节 社会资本对小微企业创业绩效的影响分析

社会资本与小微企业创业绩效的影响分析结果如图 13-1 所示。

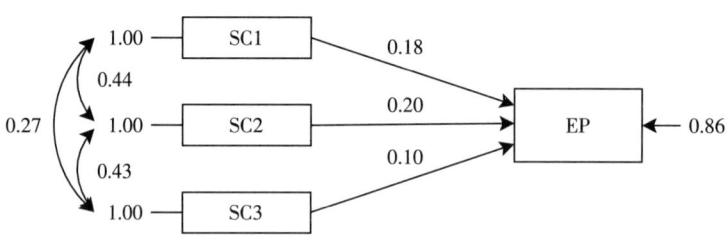

图 13-1　社会资本对小微企业创业绩效的影响

从图 13-1 中可知，社会资本的关系资本维度对小微企业创业绩效影响的标准化路径系数是 0.12，认知资本维度对小微企业创业绩效影响的标准化路径系数 0.19，结构资本维度对小微企业创业绩效影响的标准化路径系数是 0.06。认知资本对小微企业创业绩效的标准化路径系数最大，表明认知资本是影响小微企业创业绩效的重要因素。社会资本的三个维度对小微企业创业绩效的解释程度为 0.14。

同时，关系资本（T=4.14，P=0.01）、结构资本（T=4.30，P=0.01）、认知资本（T=2.19，P=0.01），表明关系资本、认知资本和结构资本对小微企业创业绩效的影响是显著的。

表 13-5　假设检验结果及路径系数

假设	路径系数	T 值	验证结果
H1：关系资本→小微企业创业绩效	0.18	4.14	支持
H2：结构资本→小微企业创业绩效	0.20	4.30	支持
H3：认知资本→小微企业创业绩效	0.10	2.19	支持

研究结果表明,社会资本的关系资本维度、认知资本维度、结构资本维度对小微企业创业绩效影响都是显著的,并且是正向的。

创业者结构资本的增加,有助于企业将这种无形的社会关系资本转化为现实的销售收入或其他有形收益。创业者社会网络规模的扩大,网络成员数量的增加,将显著提高创业者获取有效市场信息的机会,创业者的社会网络成员的增加,带给创业者更多的选择域,更多的合作空间和合作机会。创业者认知资本的增加,有助于创业者与他人相处融洽。创业者认知资本的增加,是个体之间关系的更深层次体现。企业创业者与他人有共同语言和共同归属性。创业者关系资本的增加,有助于企业处理与供应商、销售商、政府各方面关系,为企业生存发展提供更优越的外部环境。因此,关系资本、认知资本、结构资本的增加都能促进小微企业创业绩效的提高。

第三节 创业导向对小微企业创业绩效的影响分析

一、创业导向的效度分析

创业导向的效度分析如表 13-6 所示。

表 13-6 创业导向量表模型的适配指标

GFI	AGFI	NFI	NNFI	CFI	IFI	RFI	SRMR	RMSEA
0.96	0.94	0.96	0.96	0.97	0.97	0.94	0.044	0.065

从表 13-6 可知,本模型的 GFI、AGFI、NFI、NNFI、CFI、IFI、RFI 分别为 0.96、0.94、0.96、0.96、0.97、0.97、0.94,均大于 0.9,SRMR 为 0.044,小于 0.5,RMSEA 为 0.065,位于 0.05~0.08,因此,各方面说明创业导向量表模型具有良好的适配指数。创业导向各个题项的因子载荷如图 13-2 所示。

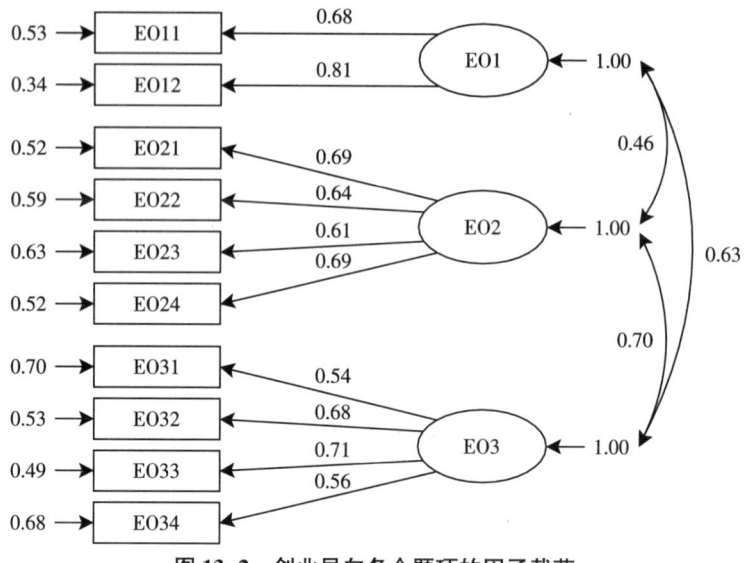

图 13-2　创业导向各个题项的因子载荷

从图 13-2 可知，创业导向的各个题项的因子载荷基本上都在 0.5 以上。自由度 df = 32，χ^2 = 106.03（P = 0.0），概度比率卡方考验值为 3.313，位于 2~5，是可以接受的范围。

二、创业导向对小微企业创业绩效的影响分析

创业导向对小微企业创业绩效的影响分析结果如图 13-3 所示。

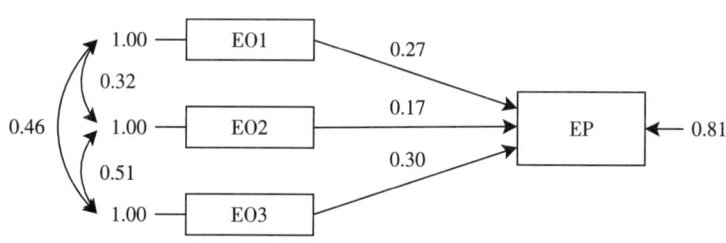

图 13-3　创业导向对小微企业创业绩效的影响

从图 13-3 中可知，创业导向的创新性维度对小微企业创业绩效影响的标准化路径系数是 0.38，创业导向的风险性维度对小微企业创业绩效影响的标准化路径系数是-0.13，创业导向的先动性维度对小微企业创业绩效影响的标准化路径

系数是 0.26。创新性维度对小微企业创业绩效的标准化路径系数最大，表明创新性是影响小微企业创业绩效的重要因素。创业导向的三个维度对小微企业创业绩效的解释程度为 0.19。

同时，创新性维度（T=6.28，P=0.01）、风险性维度（T=-3.75，P=0.01）先动性维度（T=6.24，P=0.01），表明创新性维度、风险性维度和先动性维度对小微企业创业绩效的影响是显著的。研究结果表明，创业导向的创新性维度、先动性维度、风险性维度对小微企业创业绩效的影响都是显著的。但是创新性维度、先动性维度对小微企业创业绩效的影响是正向的，创业导向的风险性维度对小微企业创业绩效的影响是负向的。即创新性、先动性能促进小微企业创业绩效的提高，风险性会降低小微企业创业绩效。

第十四章 创业导向的调节效应和中介效应分析

第一节 创业导向的调节效应分析

在信度和效度的基础上,为了探索创业导向在社会资本与小微企业创业绩效是否有显著调节效应,本书做如下分析。

通常,在做调节效应分析时,首先,将自变量和调节变量进行中心化变换处理,即以变量减去其均值为基础,计算出交互作用项。其次,进行自变量对因变量第一阶段的回归分析,即社会资本和创业导向对小微企业创业绩效的回归分析。最后增加社会资本和创业导向的交互作用项为自变量,即社会资本、创业导向、社会资本×创业导向对小微企业创业绩效进行回归分析。具体如表14-1所示,括号内为T值。

表14-1 创业导向的调节效应分析

	回归方程	R^2	R^2的变化
第一步	EP = 0.693 × SC + 0.393 × EO − 0.127 × SC × EO (6.846)　　　(3.881)　　　(−1.36)	0.161	增加0.003
第二步	EP = 0.693 × SC + 0.386 × EO (6.846)　　　(3.818)	0.158	

创业导向的调节效应分析结果如表所示。增加 SC×EO 项，R^2 增加，但是增加幅度非常小，为 0.003。表明增加项对回归方程的影响是很小的。由于第二步的乘积项 SC×EO 的回归系数不显著，所以创业导向在社会资本对小微企业创业绩效影响的调节效应不显著。

第二节　关于创业导向中介效应分析

下面将利用结构方程模型对研究假设进行验证。对于创业导向在企业社会资本与小微企业创业绩效关系中所起的中介作用的验证，本书根据 Baron 和 Kenny，Chen、Aryee 和 Lee 提出的关于中介作用的三个判定条件进行中介作用分析，主要对创业导向在社会资本与小微企业创业绩效关系中是否起中介作用进行验证，验证过程如下：

（1）自变量与中介变量两者相关，即社会资本与创业导向两者显著相关，对创业导向和社会资本进行回归分析，结果显示，社会资本回归系数达到显著性水平。

（2）中介变量与因变量两者相关，即创业导向与小微企业创业绩效两者显著相关，对小微企业创业绩效的创业导向进行回归分析，结果显示，创业导向的回归系数达到显著性水平。

（3）因变量同时对自变量和中介变量进行回归分析，即小微企业创业绩效对社会资本和创业导向同时进行回归分析，结果显示，中介变量创业导向的回归系数达到显著性水平，且自变量社会资本的回归系数变小了。

根据研究成果，当自变量的回归系数减少到了不显著水平时，说明中介变量创业导向起到了完全中介作用，即创业导向对社会资本和小微企业创业绩效起完全中介效用，也即社会资本量完全通过创业导向来影响小微企业创业绩效；当自变量即社会资本的回归系数减少，但仍达到了显著性水平时，说明中介变量创业导向只起到了部分中介作用，即社会资本一方面通过中介变量影响小微企业创业绩效，另一方面也直接对小微企业创业绩效产生作用。

接下来将按照上述的三个判定条件，对中介变量创业导向在社会资本对小微企业创业绩效影响中的作用依次进行检验。结果如图14-1、图14-2、图14-3所示。

社会资本与小微企业创业绩效的影响分析结果如图14-1所示。社会资本对创业导向的影响分析结果如图14-2所示，社会资本、创业导向对小微企业创业绩效的影响分析结果如图14-3所示。

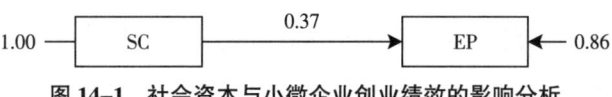

图 14-1 社会资本与小微企业创业绩效的影响分析

从图14-1可知，社会资本对小微企业创业绩效的解释度为0.14（1-0.86=0.14），创业资本对小微企业创业绩效影响的标准化路径系数为0.37。

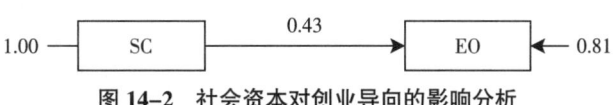

图 14-2 社会资本对创业导向的影响分析

从图14-2可知，社会资本对创业导向解释度为0.19（1-0.81=0.19），社会资本对小微企业创业绩效影响的标准化路径系数为0.43。

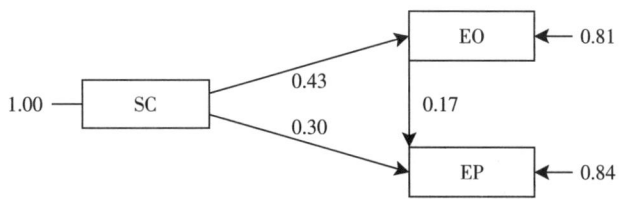

图 14-3 社会资本、创业导向对小微企业创业绩效的影响分析

从图14-3可知，社会资本对小微企业创业绩效的解释度为0.16（1-0.84=0.16），社会资本对创业导向的解释度为0.19（1-0.81=0.19），社会资本对小微企业创业绩效影响的标准化路径系数为0.30。社会资本对创业导向影响的标准化路径系数为0.43，创业导向对小微企业创业绩效影响的标准化路径系数为0.17。

表 14–2　创业导向的中介效应检验分析结果

	标准化回归方程	回归系数检验
第一步	EP = 0.37SC	T = 11.18，P = 0.01
第二步	EO = 0.43EP	T = 7.2，P = 0.01
第三步	EP = 0.30SC + 0.17EO	T = 6.85、3.82，P = 0.01

从表 14-2 可知，社会资本对小微企业创业绩效的回归系数的 T 值为 6.85，创业导向对小微企业创业绩效的回归系数为 3.82，则社会资本对小微企业创效影响显著，且创业导向对小微企业创业绩效影响显著，假设 3 没有通过验证。这表明，创业导向在社会资本和小微企业创业绩效之间没有完全中介效应。但是图14-3 中，社会资本对小微企业创业绩效的回归系数减少，并且创业导向对小微企业创业绩效的回归系数的 T 值为 3.82，表明创业导向在社会资本和小微企业创业绩效之间存在部分中介效应。中介效应占总效应的比例为（0.43 × 0.3)/0.37 = 0.349，即中介效应占了总效应的 34.9%。

第十五章 本篇小结

一、研究结论

本书对社会资本、创业导向对小微企业创业绩效的影响进行研究，得出如下结论。

（1）控制变量对小微企业创业绩效的影响不显著。本书从创业者和企业两个层面分析了控制变量对小微企业创业绩效的影响。创业者层面包括创业者性别、年龄、文化程度，企业层面包括企业规模和企业性质。结果显示，创业者层面的控制变量性别、年龄、文化程度对小微企业创业绩效的影响不显著，企业层面的控制变量企业规模对小微企业创业绩效影响不显著，企业层面的控制变量企业性质对小微企业创业绩效的影响显著。

（2）社会资本各个维度对小微企业创业绩效的影响显著。研究结果表明，社会资本的关系资本维度、认知资本维度、结构资本维度对小微企业创业绩效的影响都是显著的，并且是正向的。

（3）创业导向各个维度对小微企业创业绩效的影响显著。研究结果表明，创业导向的创新性维度、先动性维度、风险性维度对小微企业创业绩效的影响都是显著的。但是创新性维度、先动性维度对小微企业创业绩效的影响是正向的，创业导向的风险性维度对小微企业创业绩效的影响是负向的。

（4）创业导向的调节效应不显著。

（5）创业导向的中介效应部分显著。本书引入创业导向这一中介变量，分析它对社会资本对小微企业创业绩效的影响的中介效应是否显著。结果显示，社会资本对创业导向、创业导向对小微企业创业绩效的因子载荷的乘积小于社会资本对小微企业创业绩效的因子载荷，说明创业导向的中介效应部分显著。

二、研究启示

通过本书，我们得到如下启示：

（1）性别、年龄、文化程度对小微企业创业绩效的影响不显著。即创业者是男性或者是女性，对创业绩效的影响不显著。无论是男性还是女性，通过努力，创业都可以取得成功。创业者的年龄对创业绩效影响不显著，年轻或者年长者都可以创业。创业者的文化水平对创业绩效的影响不显著，小学文凭、初中文凭、高中文凭、大学文凭、硕士文凭、博士文凭对创业绩效的影响不显著，博士文凭的创业者不一定能取得很好的创业绩效，而小学文凭的创业者的创业绩效并不一定不理想。

（2）社会资本对小微企业创业绩效的影响显著。创业者的个人资源对创业绩效的影响重大。创业者个人资源越多，创业成功的概率越大，创业绩效越好。因此企业要重视社会资本的作用。结构社会资本有利于企业获取资源来赢得生存和发展；关系社会资本可增强企业信任，促进企业成员交流，强化资源共享意愿，促进企业和个人的共赢；认知社会资本有利于传递信息、整合资源。社会资本的各个维度对小微企业创业绩效的影响是不同的。创业初期，创业者应重点关注结构社会资本，应该积极营造有利于创业成功的社会网络，加强网络联系、建立合理的网络构架、合理调用网络资源，以更有效地获取企业创立时的各种资源，减小交易成本，为企业的生存奠定坚实的基础。在成长阶段，企业要特别重视认知社会资本和关系资本，积极建设企业文化，如企业的发展愿景和企业价值观，使员工高度认同企业文化，同时增加企业与员工之间的交流，增进企业与员工之间的情感，企业获得发展的同时，实现员工成长。

（3）创业导向对小微企业创业绩效的影响显著。第一，本书发现，我国小微企业的创新性对创业绩效的影响显著。因此，要重视创新对小微企业创业绩效的显著影响。企业要持续成功，就要重视创新。安于现状、封闭自守很可能会阻碍企业的进一步成长。小微企业生存和发展，尤其要注重企业创新，不断拓展企业产品类别，生产适销对路的产品，满足消费者的需求；不断改善企业在售前、售中和售后的服务；提高企业科学技术水平，增加企业产品的科技含量；根据市场环境和竞争状况的变化，不断调整企业的发展策略和运营方式，逐渐发展壮大。

第二，要重视先动性对小微企业创业绩效的显著影响。本书发现，我国小微企业的先行性对创业绩效有着显著的影响，因此企业要保持续良好创业绩效，就要重视先动性。小微企业对市场要采取主动的状态，不能被动应战，在产品、服务、工艺、营销策略和运行方式上，积极改进提高，提升管理技能；要主动搜索市场信息，对市场需求的变化进行充分的预测和准备；积极建设信息渠道，提升信息处理的能力。

第三，要重视冒险性对小微企业创业绩效的显著影响。本书发现，我国小微企业的冒险性对小微企业创业绩效的影响是负向的。冒险性越强，小微企业的创业绩效越差。因此，企业在创立过程中，要尽可能避免采取高风险的经营方式，在经营过程中进行事前评估风险，降低事中风险，控制事后风险，同时创业者要积极采取措施提高企业的抗风险能力。

三、研究不足

目前对小微企业的研究和实践问题分析还不够深入，需进一步探讨，本书进行了社会资本、创业导向对小微企业创业绩效的探索性研究，一方面取得了一些创新性的成果，另一方面仍存在一些不足。

第一，本书在进行问卷调查时，虽然在问卷数量、回收数量、信度和效度检验上都达到了研究的基本要求，但是受小微企业行业、规模、地域的限制，所选报样品的代表性不强，在一定程度上影响了样本抽样的随机性。今后的研究应着重解决这一问题。

第二，本书在小微企业创业绩效变量的测量中，由于目前对小微企业创业绩效的研究还没有成熟的量表，虽然本书借鉴了国内外对创业绩效的研究成果，并用实地访谈的结果进行修缮，但仍存在忽略某些重要因素的可能性，导致测量数据不是很理想，未来的研究应更细致、更深入。

附 录

关于社会资本、创业导向和小微企业创业绩效的调查问卷

调查者：_____ 调查时间：_____ 调查地点：_____ 问卷编号：_____

商学院寒假社会实践调研

——创业调查问卷

尊敬的女士/先生：

您好！

本次调查是江西省社会规划课题《小微企业创业者创业行为及对策研究》的一个专题调研。为了考核小微企业创业绩效，了解小微企业创业的特点，分析血缘、亲缘、地缘在小微企业生存发展过程中的作用，我们特地进行这次问卷调查。旨在通过调研，使同学们能深入了解小微企业的发展状况及其所遇到的困难，并进一步加深同学们对社会的认识。小微企业是小型企业、微型企业、家庭作坊式企业、个体工商户的统称。本次调查的小微企业创业者包括商店店主、餐厅老板、网吧老板等。本次调查实行匿名的方式，回答内容仅供研究之用。希望您根据实际情况如实填写！请您务必将所有题目答完！

感谢您的支持与合作！祝您企业蒸蒸日上！

个人情况

1. 性别：A. 男　　B. 女

2. 居住地：_____省_____市_____县_____乡（镇）

3. 年龄：A. 25 岁以下　　B. 25~34 岁　　C. 35~44 岁　　D. 45~54 岁

E. 55 岁及以上

4. 文化程度：A. 小学及以下　　B. 初中　　C. 高中　　D. 大专或本科

E. 硕士及以上

5. 在本行业工作年限：_____年。

企业情况

1. 企业成立时间：_____年_____月

2. 企业所在地：_____；企业经营面积：_____；现有员工人数：_____人

3. 企业性质：A. 个体工商户　　B. 合伙企业　　C. 有限公司

D. 有限责任公司　　E. 其他，_____（请注明）

4. 企业共有多少股东：_____人；是否有占支配地位的股东：A. 是　　B. 否

5. 企业所处行业：A. 食品　　B. 服装　　C. 餐饮　　D. 住宿　　E. 家电

F. 通信　　G. 其他_____（请注明）

一、关于社会资本，请您在认为合适的选项上打钩"√"。

1. 在您企业创立过程中，对您帮助最大的是_____。

A. 亲戚　　B. 朋友　　C. 老乡　　D. 政府　　E. 其他_____（请注明）

2. 他们给予您的最大帮助是_____（选择最重要的两项）。

A. 资金支持　　B. 进货渠道　　C. 生产技术　　D. 企业地址选择

E. 产品配方　　F. 经营技巧　　G. 精神支持　　H. 客户资源

I. 其他_____（请注明）

3. 企业创立前，在您的亲戚朋友中，是否有经营和您类似的企业？

A. 有，_____个　　　　B. 无

4. 您特别信赖亲人、朋友，他们会支持我，帮助您解决创业中的困难。

A. 非常不同意　　B. 较不同意　　C. 基本同意　　D. 较同意　　E. 非常同意

5. 您和亲人、朋友之间相互信守诺言。

A. 非常不同意　　B. 较不同意　　C. 基本同意　　D. 较同意　　E. 非常同意

6. 第一次和政府打交道，您相信政府颁布的相关政策、法规。

A. 非常不同意　　B. 较不同意　　C. 基本同意　　D. 较同意　　E. 非常同意

7. 您和政府等部门人员建立私人关系后，更相信一些政策法规。

A. 非常不同意　　B. 较不同意　　C. 基本同意　　D. 较同意　　E. 非常同意

8. 第一次和商业伙伴合作，您相信企业的合同及承诺。

A. 非常不同意　　B. 较不同意　　C. 基本同意　　D. 较同意　　E. 非常同意

9. 您和交往的群体都拥有共同的语言和话题。

A. 非常不同意　　B. 较不同意　　C. 基本同意　　D. 较同意　　E. 非常同意

10. 您会经常和别人谈心、交心。

A. 非常不同意　　B. 较不同意　　C. 基本同意　　D. 较同意　　E. 非常同意

11. 您能与人有效地沟通。

A. 非常不同意　　B. 较不同意　　C. 基本同意　　D. 较同意　　E. 非常同意

12. 您和交往的群体拥有相同的价值观。

A. 非常不同意　　B. 较不同意　　C. 基本同意　　D. 较同意　　E. 非常同意

13. 您在企业、政府等部门都有很多朋友（15人以上）。

A. 非常不同意　　B. 较不同意　　C. 基本同意　　D. 较同意　　E. 非常同意

14. 您和这些朋友关系非常要好。

A. 非常不同意　　B. 较不同意　　C. 基本同意　　D. 较同意　　E. 非常同意

15. 您与这些社会关系经常走动、联络。

A. 非常不同意　　B. 较不同意　　C. 基本同意　　D. 较同意　　E. 非常同意

16. 您是关系圈子里的核心人物。

A. 非常不同意　　B. 较不同意　　C. 基本同意　　D. 较同意　　E. 非常同意

17. 您经常帮圈子里的朋友处理一些他们棘手的事情。

A. 非常不同意　　B. 较不同意　　C. 基本同意　　D. 较同意　　E. 非常同意

二、关于创业导向，请您在认为合适的选项上打钩"√"。

18. 在过去三年里，企业增加了很多新的产品或服务。

A. 非常不同意　　B. 较不同意　　C. 基本同意　　D. 较同意　　E. 非常同意

19. 在过去三年里，企业对当前产品或服务进行了大幅度更改。

A. 非常不同意　　B. 较不同意　　C. 基本同意　　D. 较同意　　E. 非常同意

20. 企业更偏好高风险项目。

A. 非常不同意　　B. 较不同意　　C. 基本同意　　D. 较同意　　E. 非常同意

21. 面对不确定性，企业倾向于积极采取行动来抓住机会。

A. 非常不同意　　B. 较不同意　　C. 基本同意　　D. 较同意　　E. 非常同意

22. 为了实现经营目标，企业更倾向于采取大胆而突变的行动。

A. 非常不同意　　B. 较不同意　　C. 基本同意　　D. 较同意　　E. 非常同意

23. 在不确定情况下，企业能够承受经济损失的程度高。

A. 非常不同意　　B. 较不同意　　C. 基本同意　　D. 较同意　　E. 非常同意

24. 企业常率先发起竞争行为，然后竞争对手做出反应。

A. 非常不同意　　B. 较不同意　　C. 基本同意　　D. 较同意　　E. 非常同意

25. 企业常率先引入产品服务、管理技巧和生产技术等。

A. 非常不同意　　B. 较不同意　　C. 基本同意　　D. 较同意　　E. 非常同意

26. 总体上，企业非常重视先于竞争者采用新产品或创意。

A. 非常不同意　　B. 较不同意　　C. 基本同意　　D. 较同意　　E. 非常同意

27. 企业密切关注市场发展动向和客户的需求方向，事先掌握机会，提早行动。

A. 非常不同意　　B. 较不同意　　C. 基本同意　　D. 较同意　　E. 非常同意

三、关于小微企业创业绩效，请您在认为合适的选项上打钩"√"。

28. 企业创立初期的启动资金需要_____。

A. 3万元以下　　B. 3万~10万元　　C. 11万~20万元　　D. 21万~50万元

E. 51万元及以上

29. 企业月均销售额是_____。

A. 2万元及以下　　B. 2.1万元~10万元　　C. 10.1万元~20万元

D. 20.1万元~50万元　　E. 50万元以上

30. 企业年均利润率是_____。

A. 5%及以下　　B. 6%~10%　　C. 11%~20%　　D. 21%~30%　　E. 31%及以上

31. 企业目前经营状况良好。

A. 非常不同意　　B. 较不同意　　C. 基本同意　　D. 较同意　　E. 非常同意

32. 企业能很好地应对生存危机。

A. 非常不同意　　B. 较不同意　　C. 基本同意　　D. 较同意　　E. 非常同意

33. 顾客对企业的满意度非常高。

A. 非常不同意　　B. 较不同意　　C. 基本同意　　D. 较同意　　E. 非常同意

34. 企业会持续经营至少 5 年以上。

A. 非常不同意　　B. 较不同意　　C. 基本同意　　D. 较同意　　E. 非常同意

我们的问卷到此结束，再一次感谢您的支持与合作！

第四篇

"互联网+"典型创业案例分析

第十六章　公司简介及发展规划

第一节　公司介绍

一、公司简介

VR 艺培达人科技有限公司是一个以"线上 VR 网络课程培训+线下 VR 体验艺术"的音乐艺术培训平台，公司旨在打造一个"VR 艺术培训殿堂"，为所有无基础的音乐艺术爱好者提供兴趣课堂的捷径，针对音乐艺术高考生提供高精尖的 VR 辅助性的学习机会。兴趣课堂包括器乐学习以及成人类的合类唱法、器乐学习；艺术高考包括声乐、器乐、音乐教育等；儿童类的启蒙音乐包括少儿国学音乐以及声乐基础指导等。为迎合互联网模式的飞速发展，公司采用线上与线下相结合的方式，两者对接、互助互利，线上对所有艺术需求者（包括无基础学习者与艺考生）进行选择不同收费标准的素质测评，针对性地制定不同辅导方案，线下开设 VR 技术体验馆，提供面对面专业化 VR 辅助性培训；线上拥有便捷的 VR 专业类不同阶段水平培训课程以及 VR 同步设备的购入，运用云之端口、艺术创新、无限传输，让所有拥有艺术梦想的学习者在便捷的条件下享受最优质、最专业、最高效的艺术培训。"VR 艺培达人科技有限公司" 是中国首家签约国内外音乐艺术大师与明星，致力于为所有艺术需求者搭建"线上+线下"精准、高端艺术教育培训的服务平台。公司精准定位于音乐艺术，线下只要走进培训中心，便可以享受"VR+大师"的面对面指导教学，线上只要打开电脑，戴上专业VR眼镜，就可以随时随地与国内外知名音乐艺术大家一起在维也纳金色大厅一对一学习；通过互联网1对1的教学方式，自选老师、自选课程、自选时间，VR艺培达人在线以经济实惠的价格让普通家庭都能享受高端艺术指导，为艺术学习者搭建完善的学习深造平台。同时，采取开发共赢的推广策略，与教育行业机构合作，在学习之后提供一系列的音乐艺术考级服务，从互联网的个人音乐素质测评，到线上VR在线教育与线下VR培训结合，最后到音乐艺术考级，为所有拥有艺术需求的学习者铺出一条高效、精准、便捷的康庄大道。

二、公司运营模式

（一）经营方式

"线上+线下"同步进行，致力于精准、高端VR音乐艺术培训。

（二）经营场地规划

在云中城南昌人才大厦设立公司办公区域，包括：课程研发、运营、市场、技术、行政、视频制作等部门，还包括咨询接待、休闲健身场所等。

在南昌市高新区双创基地打造公司产品展示与体验、艺术培训交流与分享、资源整合与落地的全方位平台。具体讲就是创建"四个平台"：

（1）一个高端线下VR体验平台。作为公司的主打性VR辅助性音乐艺术学习技术，规划建设一个大型VR线下体验馆，可用于虚拟现实课程体验，并装修5个体验区，针对不同学习者运用相应的VR辅助性技术进行教学，可在舒适优雅的氛围体验VR技术所带来的不一样的高效课程体验。

（2）一个线下音乐艺术培训基地。规划若干线下培训教室，辅助线上培训，包括声乐、器乐等专业VR培训场地，一个中型多功能小剧场用于汇报演出、专业艺术考级等。

（3）一个签约艺术大师工作平台。为公司不断提升课程质量，建立若干大师工作坊用于课程开发研究、精品课程录制、大师体验沙龙等，为音乐艺术大师提供一个安静的工作平台。

（4）一个规模化线上音乐培训平台。使用规模化的艺术平台对所有学习者进行不同的音乐素质测评,并且提供不同大师、不同程度、不同价位的配套性 VR 辅助音乐培训,以及音乐艺术考级报名等。

三、公司视觉识别

(一)公司名称

中文名:VR 艺培达人科技有限公司。

寓意:VR 艺培达人科技有限公司,始终以艺术至上作为最高原则,将公司价值观、责任感融入公司名称,为艺术领域培训出高精尖大批量人才,成为音乐艺术的殿堂、音乐人才的摇篮,VR 定位精准于 VR 辅助性艺术培训教学手段,运用顶尖技术提供更为直观的虚拟学习场景,使得课程的质量与效率达到最高水平。达人概念既是针对顾客,目标是将顾客培养成音乐艺术方面的达人,让顾客在培训中享受教学达人式训练,又是针对与公司合作的各类音乐大师,提供大师类专业高效的学习课程,将达人大师的技巧与方法授予每一个艺术求学者,将艺术求学者变为音乐达人,两者共同打造公司的 VR 艺培概念。

(二)Logo(商标)设计

图 16-1　VR 艺培达人科技有限公司 Logo

寓意:Logo 中有一个大写的"艺"字,表现了公司的最核心的理念音乐艺术培训,将艺术培训作为最基础服务、最严格的要求,整个"艺"字拆分开来包含了"e(互联网)+育(教育)",体现了公司的特质,有效地将线上线下结合起来,为客户提供最优质的服务,"艺"字的下半部分还可看作 VR 字母的结合,表明公司运用VR辅助性艺术教学手段贯穿培训的自始至终，始终将顶尖的技术作为依托，从而开展公司的服务，而整个Logo形态上似一条龙，有引领整个艺术创业行业之寓意。

(三) 公司图片

图16-2　政府支持公司建立，免费提供的办公场地

图16-3　公司设计预想

图 16-4　公司现有图

（四）公司发展前景

截至 2013 年底，我国艺术培训行业的产值已达 330 亿元的规模，并且正以每年 30%以上的速度迅速增长。未来 5~10 年，艺术教育市场将发展到上千亿元的规模，音乐、舞蹈、美术是艺术培训行业的主力军。以 2012 年市场规模为例，舞蹈培训市场规模达到 79.3 亿元，占到了中国艺术培训行业规模的 29%，音乐培训市场规模达到 76.3 亿元，占到了中国艺术培训行业规模的 28%，产业信息网发布的《2015~2022 年中国艺术培训市场全景调研与投资前景预测报告》显示，目前，音乐艺术培训市场有很大的前景，家长和政府都很重视孩子的教育，踏足该市场是有利可图的。近年，国家和政府越来越重视孩子综合能力的发展，特别是创新能力和技能。虽然目前中国教育以学业为主，但是在不久的未来，孩子的综合能力高低也是社会关注和国家人才培养的重点。人们对于音乐艺术培训内容的需求日益迫切。因此，音乐艺术培训企业应充分了解音乐艺术培训市场的特点，顺势加强和规范音乐艺术培训企业的市场营销，将音乐市场与市场营销学紧密结合在一起，为广大消费者提供更多的有益的音乐培训产品。

图 16-5　中共江西省委常委、南昌市委书记龚建华，抚州市委书记肖毅等抚州市委四套班子成员来云端视察指导

第二节　公司战略与发展计划

一、公司文化战略

（一）公司宗旨

VR 艺培达人科技有限公司始终秉承着"专业、系统、高效"的服务宗旨，始终坚持"客户第一、拥抱变化、团队合作、艺术为先"的经营理念，以"以人为本"为指导，以积极正确的价值观念引导团体，在所服务过程中积极顺应转变、提高归属感与满意度。为所有无基础的艺术爱好者提供快速学习的捷径，帮助更多有艺术兴趣的人走进艺术殿堂。

（二）公司使命与愿景

在未来发展中公司将发挥自身在吸引聚集艺术人才方面的优势，增强企业与消费者之间的互动性，实时观察市场环境动态。面对大数据时代的来临，信息资源不断变化的艺术创业市场，吸引更多艺术爱好者一起交流，扩大市场，形成聚集经济，在营销中做出真正高性价比、高转化率、高评价的"三高"产品。

本公司也将加强与高等音乐院校的合作，为顾客提供更多与名师接触交流的机会，培养专业人才，增加对团队的人力资源投入。增加主流媒体报道，吸引潜在顾客，通过报纸网络平台的宣传，把公司的主流文化和服务透明面向社会，在社会大众中宣传艺术文化，挖掘更大市场。秉着高度的社会责任感，对艺术追求缺少资金的人群给予更多公益项目的扶持，承担企业的社会责任，提升企业品牌忠诚度。

二、SWOT战略分析

（一）优势分析（S）

1. 管理理念先进

江西艺培达人科技有限公司（以下简称"艺培达人"）风险防范指数较高，并有良好的制度保障，公司分工明确，在激励制度、薪酬制度、资金管理制度、员工培训制度等方面形成了系统化的制度。

2. 团队创造力强

艺培达人将是全国首个拥有国内外顶级艺术大师授课的互联网在线平台，同时也是全国首个与国外知名艺术学院合作的国内互联网艺术学习平台。后期还将不断有艺术大师级人物加入师资团队成为平台艺术导师。

在基础的艺术培训上，艺培达人打造个性化成熟经验教学模式，所配套的制度和流程设计也趋于完善，在市场推广宣传、新型课程设计方面拥有老练的经验和针对化的模式。

3. 市场定位明确

艺培达人通过"互联网+"思维搭我国首家定位于全方位的"线上艺术培训平台+线下实体文化艺术培训"，实现企业经济效益与社会效益的统一，秉承"普通人的艺术殿堂"的理念，为所有无基础的艺术爱好者提供快速学习的捷径、为专业化艺术兴趣者实现艺术梦。

4. 雄厚的师资力量

联合茱莉亚学院、多伦多音乐学院以及国内外音乐大师等组成的高水准的教师团队,具有多年教学实践经验,师资力量雄厚,教学方法细腻严谨,针对化教学突出,重点化教学全面。致力于成为国内知名的终身艺术培养线上平台,国内外艺术大师聚集的网上云课堂,各年龄层次艺术爱好者在互联网上的交流中心与聚集地。

5. 广阔的人脉基础

艺培达人依托全国青联委员邹志刚博士联合全国青联、国商汇等联合,能够集合几十位各行业领域的领军人物的智慧,组建艺术、社交、技术、投资、文化、培训六大专业委员会,以全球强大的资源为依托,整合艺术行业领域的优势资源。凭借多年的教育和培训经验,培育了许多优秀的艺术才子,是潜在的创客资源。微爱公益项目扶持的少儿和青少年也是未来的潜在市场资源。

(二)劣势分析(W)

1. 缺乏品牌化、规模化的经营战略

成立之初,由于创立人经验不足,加之观念、制度、理念等方面的各种因素,无长远备战方式及策略。

2. 团队管理经验不足

公司员工都是毕业于江西省内及其他著名高校,专业技能上有一定的造诣,但培训经验不足,教学方法的缺失依旧是难以避免的问题。虽然态度积极向上,但是由于家庭事业等不定性导致师资力量流动性过大,对企业的长远发展造成危机。

3. 投入风险大

由于企业要实现虚拟网络教学需要完善的基础设施、场地以及科学技术,企业在前期投入中需要雄厚的资金基础和有效规避风险的应急机制。

4. 融资渠道窄

艺培达人专注于艺术领域,融资方向的单一化对企业资金流转的威胁较大。

(三)机会分析(O)

1. 政府政策的扶持

江西省政府出台一系列促进经济平稳健康发展的若干措施,即江西"稳增长22条",鼓励创新创业作为主要任务,创新体制机制,加快科技服务业发展,促进大众创新创业。支持高校、科研院所等专业技术人员在职和离岗创业，对经同意离岗的可在 3 年内保留人事关系。

2. 市场发展前景好

国内在线教育属于初创阶段，创意来源主要来自国外的开源网站，目前还没有形成有显著特色的、可持续发展的模式。企业本身的商业模式和运行模式也是值得探讨和摸索的。

3. 专业类培训市场尚未全面打开市场，可挖掘潜力大

艺术教育越来越得到人们的关注和重视。父母为了不让孩子输在起跑线上，会从小培养孩子的艺术细胞，它不仅是家庭教育的延伸，同时也是学校艺术教育的补充和拓展，更是全社会成员艺术教育普及的重要体现。社会艺术教育还是继续教育的重要组成部分，无论任何年龄层次的人们都可以从零开始学习。但是专业类培训市场尚未全面打开，可挖掘潜力非常大。

中国的艺术教育站在了一个十字路口，社会与产业对高等美术教育的要求越来越高。但是由于中国教育体制的关系，高校的艺术教育远远跟不上时代的要求，对艺术培训市场的需求进一步扩大。少儿艺术培训及成人艺术培训处于上升期，有很大的市场空间。

（四）威胁分析（T）

1. 艺术培训低门槛加剧了行业的竞争压力

相比于其他行业，艺术培训的进入门槛比较低。一间教室、一个老师、几个学生就可以开办新的艺术培训机构。在这种情况下，会有很多新开办的培训机构蚕食部分市场，对现有的培训机构造成行业内压力。

2. 发展阶段知名度较弱带来一定的阻力

企业运营初期，知名度不高，处于发展阶段。而新的机构由于成本低价格低会分流部分市场。而老的机构由于时间长，品牌知名度相对高，顾客的忠诚度也相对比较高，资金及资源相对雄厚。在市场竞争中，新机构压力将会逐渐增大。

（五）优势—机会分析（SO）

抓住"互联网+"带来的机遇，创新线上和线下结合管理模式；解决好公司管理层和决策层的制度问题；利用靠近教学区和人口密集地段的优势招生；利用

客观的地理条件结合公司艺术教育独树一帜的特点进行多方面的招生。利用生源限制小以及教育资源质量优的优势进行扩大招生。抓住艺术高考这一重点，统筹规划；通过与学校的合作以及扩大宣传，吸引更多艺考学生接受高考艺术的教育，利用优质教师资源以及艺术交流的成果吸引考生。

（六）优势—威胁分析（ST）

充分利用前期企业运营中艺术培训的市场和人才资源，有利于控制成本；留住企业人才；保持良好的信誉和企业形象；提高教育水平和教学质量。利用更多特色课程的设置，并与更多学校达成合作关系，提高与同行业的竞争力。并且与更多同行业合作，扩大品牌，兼并其他公司，减少竞争。

（七）劣势—机会分析（WO）

外聘专家为企业锦上添花，做到艺术领域的精细化，精力资源不宜分散；拓宽融资渠道；抓住人们的消费心理，制定特色的课程，吸引艺术消费者。通过教师团队的创新力吸引资金的投入，拓宽公司的融资渠道；由于艺术教育在中国教育中的地位不高，公司应极力避开学生与文化课教育的冲突。比如，可以提高课程设置的灵活性使学生自主选择上课频率以及时间。还有就是对于教育的效率一定要有保证。在保证公司品质优势的同时要提高学生对于艺术教育成果的信心。

（八）劣势—威胁分析（WT）

加大对企业基础设施的完善，加大对教师队伍和创业指导的培训与开发，为企业注入新的活力；做好品牌推广和宣传工作，重点发展特色项目，避免出现项目良莠不齐的局面。创立良好口碑，进一步考量一些艺术教育方面的成本问题，减少成本开支。对现有的艺术资源进行优化，注重学生学习时间的使用，不占用大量文化课时间。建立被市场和社会所容纳的好品牌、好口碑，提高品牌知名度。

（九）综合分析

根据公司外部及内部环境、优势与劣势、机会与威胁的陈述，结合实际情况，综合分析得出矩阵分析，详见表16-1。

表 16-1　SWOT 战略矩阵分析

外部因素＼内部能力	优势 S	劣势 W
	管理理念先进；团队创造力强；定位准确；师资力量雄厚；人脉渠道广；基础艺术培训带来潜在市场	缺乏品牌化规模化经营；团队管理经验不足；前期投入风险大；融资渠道窄
机会 O	SO	WO
"互联网+"的快速发展；政府政策的扶持；市场前景好；文化需求提高；创客文化的兴起；对艺术培训观念改变及重视	创新线上和线下管理模式；解决好公司管理层和决策层的制度问题；利用靠近教学区和人口密集地段的优势招生；抓住艺考，统筹规划	外聘专家为企业锦上添花；做到艺术领域的精细化，精力资源不宜分散；拓宽融资渠道；抓住人们的消费心理，制定特色的课程，吸引艺术消费者
风险 T	ST	WT
创客空间处在国内初创阶段，未形成体系，同质化空心化严重；培训行业课程产品同质化高	充分利用现有资源和市场；留住企业人才，提高创新和服务水平；保持良好的信誉和企业形象；开发差异化课程	加大对企业基础设施的完善；加大人才培养和技术开发力度，为企业注入新的活力；做好品牌推广和宣传工作，提高企业知名度

从 SWOT 分析中我们可以看出，外部环境为公司的发展提供了良好的契机，公司能充分利用市场的机遇来壮大自己。同时外部环境的威胁，尤其是发展迅速行业，创新突破难是应该注意的。公司应该及早做好准备，包括及时更新技术和服务。同时，公司还应该积极发挥自己的优势条件。

首先，公司将因材施教研发各种适合各类顾客所需要的 VR 网络课程。其次，加强与科技型公司合作，与知名 VR 技术研发公司合作，并签订合作意向书，形成长期友好的合作伙伴关系，为企业提供技术支持。最后，加强对艺术培训招生的力度，做好市场的衔接。艺术培训作为前期公司运营的基础业务，需要前期业务的宣传。

三、竞争战略

(一)"人无我有"创新战略

公司战略发展初期要把握自身商业模式创新性，争做艺术培训服务第一人。通过敏锐的市场洞察力挖掘具有品牌特色的产品，并将其吸收，为公司服务不断提供全新血液，在产品创新上一步领先。传统艺术培训都是一种线下培训，这种培训需要大量时间，并且效果较小，为了突破传统艺术培训在时间、空间上的不便,利用 VR 技术,设计出虚拟世界的网络学习视频产品,这种创新产品能够将所学习的知识通过虚拟世界立体展示出来,从而提高学习效率。

(二)"人有我优"品质战略

伴随 VR 技术的推广,在线艺术培训将逐步成为市场发展的必然走向,为提高公司品牌差异性,降低发展模式可复制性,公司提出"人有我优"的品质战略,通过品质提升稳固公司核心竞争力。

(三)"人优我快"高速战略

当市场经济稳定后,各行业竞争对手的企业文化特色也日益明显,在共同优化发展的状态下公司提出"人优我快"的企业核心竞争力,实施高速战略,在发展速度上达到行业领先,并逐渐拉开竞争差距。快速建立海量师资库,与优质老师签订合作协议,为后期运营打下良好开端。

四、公司发展规划

公司发展战略是公司面对激烈的变化、严峻挑战的环境,为求得长期生存和不断发展而进行的总体性规划,它关系着公司未来的发展方向、发展道路、发展行为。根据市场分析,公司制定了前期战略(第 1~3 年)和后期战略(第 4 年以后)。具体如表 16-2 所示。

表 16-2　公司发展规划

前期战略		
时间	战略方针	具体策略
第 1 年	线下养线上	①以政府支持划拨的南昌人才大厦和玫瑰城为项目起点,开展各种 VR 艺术课程体验馆 ②注重线下艺术培训,积累资金,并吸引学员 ③进行艺培达人网页、APP,以及相关 VR 艺术课程的设计与研发制作
第 2~3 年		①仍然注重线下艺术培训,积累资金,积累学员资源 ②艺培达人 APP 和相关网页已经制作完成,利用线下培训积累的资金进行 APP、相关网页,以及 VR 艺术课程的推广 ③在维持原有培训的基础上,完善和拓展 VR 艺术网络课程 ④加强与相关艺术培训机构以及高等艺术院校的合作

续表

后期战略		
时间	战略方针	具体策略
第4年以后	线上养线下	经过前三年的发展,公司已经具备了一定的实力,线上课程推广也取得了一定的进展,此时战略需要转移,以线上为主。①加强线上网页的浏览进行推广;②通过线上学员评价进行VR网络课程的推广;③通过将VR艺术网络课程版权卖给其他艺术培训机构以及学员的网上课程学习获取资金,来支持线下培训;④不断总结经验,并且积极创新,以应对互联网市场的变化

第十七章 产品设计及市场分析

第一节 STP 分析

一、STP 模型分析

（一）市场细分

1. 按地理因素划分

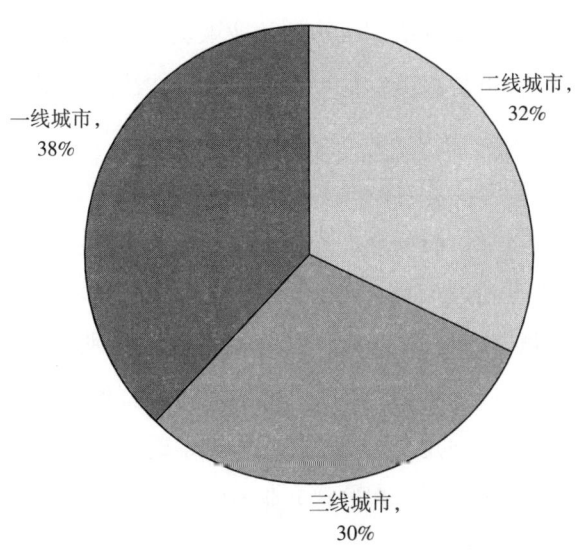

图 17-1 2013 年中国在线教育人群城市分部

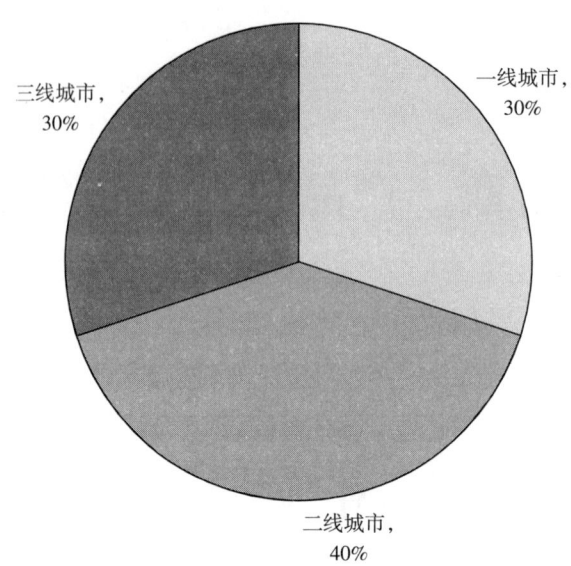

图 17-2　2015 年中国在线教育人群城市分部

根据艾瑞网 2013 年和 2015 年在线教育的调查数据显示，在线教育主要集中在东部和中部经济水平较高的地区，但通过 2013 年和 2015 年的数据对比可见，一线城市的用户占比相对下滑，二线城市将成为下一个企业竞争的主要阵地。

2. 按人口因素划分

（1）按年龄划分。从教育培训机构的从业人员年龄结构的分布（见图 17-4）可见，主要集中在 21~30 岁人群，这个年龄段人群往往是工作最不稳定和失业率最高的。随着二胎政策的放开，低龄人口数量将出现回升，0~14 岁少儿市场潜能增大（见图 17-3）。由于家长对孩子全方位素质培养意识的增加，对孩子从小的艺术教育投入逐年增加。据调查，艺考报考人数平均每年增长速度达到了 9%，部分专业增长速度甚至超过 15%。调查显示，在众多艺术培训项目中，家长最希望孩子接受的是乐器、舞蹈、美术、语言等培训，分别占 30%、25%、20%、5%，在全部培训项目中占近八成。这说明当前在某些区域的艺术培训市场中，乐器、舞蹈、美术、语言这几类培训项目已成为主要消费市场。对于从事艺术工作者而言，如此大的市场需求更容易有创业的倾向。

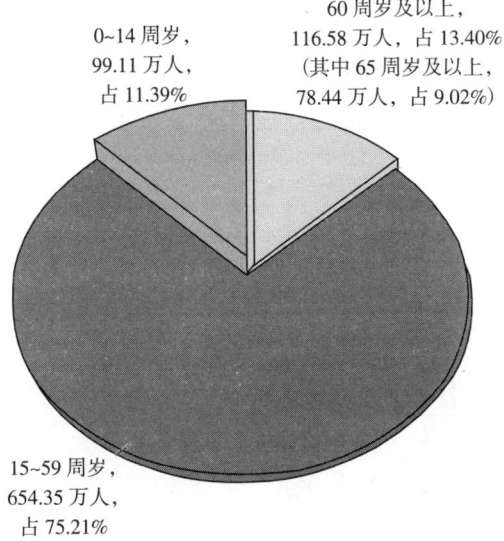

图 17-3　2015 年我国人口年龄分布

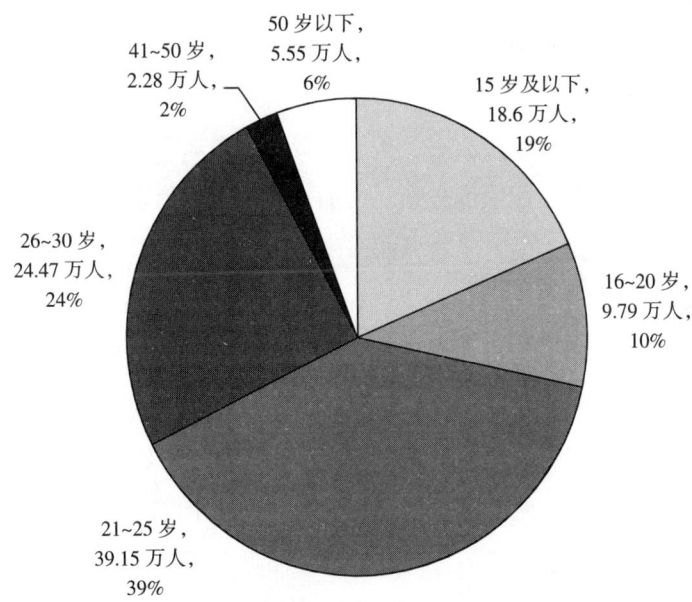

图 17-4　教育培训机构从业人员年龄结构

数据来源：北京民教信息科学研究院数据。

（2）按收入细分。按收入水平可分为低收入阶层、中等收入阶层、高收入阶层。从图17-5可见，教育支出随着家庭消费支出的增长而增长，艺术教育属于教育支出的一部分，以此可推出，收入越高，消费水平越高的家庭受艺术教育程度越高（见图17-5）。

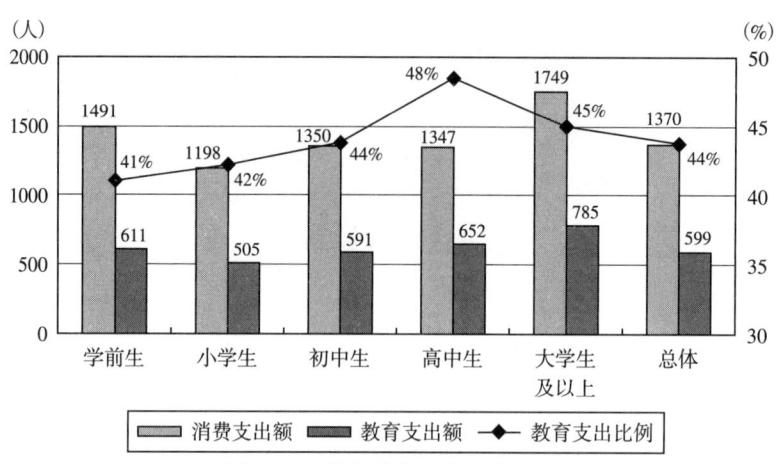

图17-5 教育消费占家庭收入比

数据来源：知网数据。

（3）按受教育阶段细分。从用于孩子消费支出额来看，从小学到大学，随着教育阶段的提升，消费支出额度也随之增加，大学阶段消费支出额度最高。由此可见，受教育程度越高，受艺术教育的熏陶时间可能越长。

3. 按行为目的划分

通过数据总结分析，用户主要目的是由功利性逐渐转向兴趣培养。兴趣培养占到41%（见图17-6），对于需要考试和考证的用户，功利性更强，需要更加专业性的辅导教学，提升通过率从而体现教师水平；由于全民素质的提高，对文化需求水平提升，使人们对艺术教育培训的功利性逐渐下降，追求自身的艺术修养和兴趣培养的成人人群组件增加，需要打造更贴近生活的教学方式，去挖掘潜在的消费者。

（二）目标市场的选择

（1）以中部地区为主要目标市场，向东部和西部延伸。东部的教育培训机构已进入成熟期，市场竞争力大，难以开辟新的市场。西部的经济落后和文化水平

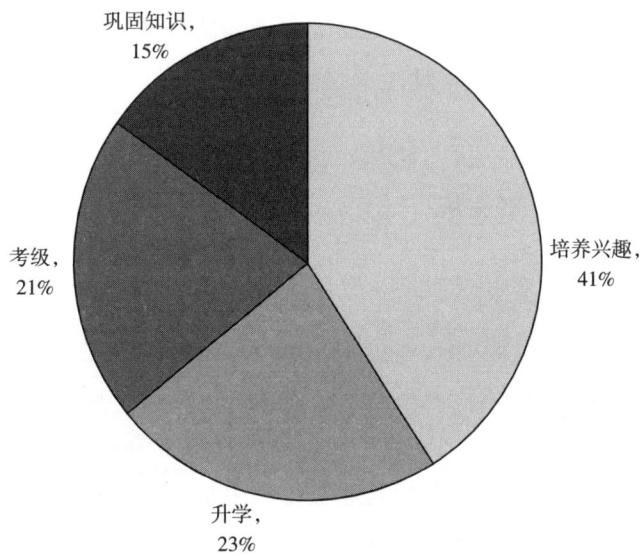

图 17-6　用户学习艺术目的调查

较低，对艺术需求偏低。

（2）所有拥有实现艺术梦想的客户都是企业的目标对象。VR 艺培达人为所有艺术梦想的客户提供艺术培训，主要包括各阶段学习路径图、艺术交流体验平台、艺术名家辅导。同时开展专业的艺术高考培训课程，少儿、成人兴趣课堂，以及出国留学、业余考证开展的第二课堂，通过满足不同年龄段不同需求充分挖掘潜在客户，为拥有艺术梦想的人实现艺术梦。

（三）市场定位

（1）企业的创业初期，知名度并不高，通过市场分析可见，竞争力较强的企业主要集中在经济较发达的东部地区，行业已发展成熟，要想占领已有市场份额，将增大企业成本。所以，市场区域定位以中部地区为主，中部地区以南昌总部为中心，同时向东部和西部地区延伸。企业运营的后期阶段，将以北京分公司的辐射作用，带动企业在东部地区的新型发展，以新型独特的品牌形象赢得潜在的市场消费者。同时对西部较落后地区增加公益类艺术教育投资，打造优质企业名片，建立品牌忠诚度，吸引更多的潜在顾客。

（2）企业的主要顾客对象包括幼教中的艺术教育、艺术生的高考、有艺术兴趣的顾客。公司以专致于艺术的在线培训。对于艺术培训生，尤其是艺考生的专业培训和少儿国学教育培训课堂,通过主打产品的成就来树立品牌专业化形象,加大品牌宣传;后期针对各年龄段不同需求量身定做课程服务,充分挖掘潜在市场。

二、市场需求预测分析

随着"互联网+"的快速发展,教育政策的实施、政策和利好形势驱动"互联网+教育"的发展。人们消费水平的提高,民众对于艺术素质教育的意识也逐渐提升,需求结构不断扩大,需求前景广阔。人们对于文化生活、文化产品和服务质量的要求日益提高,文化创意产业的发展也随着需求增加而发展。再加上 VR 技术的应用,都将为艺术培训行业赢得一个全新的市场。图 17-7 为 2013~2018 年艺术培训市场规模与趋势的预测。

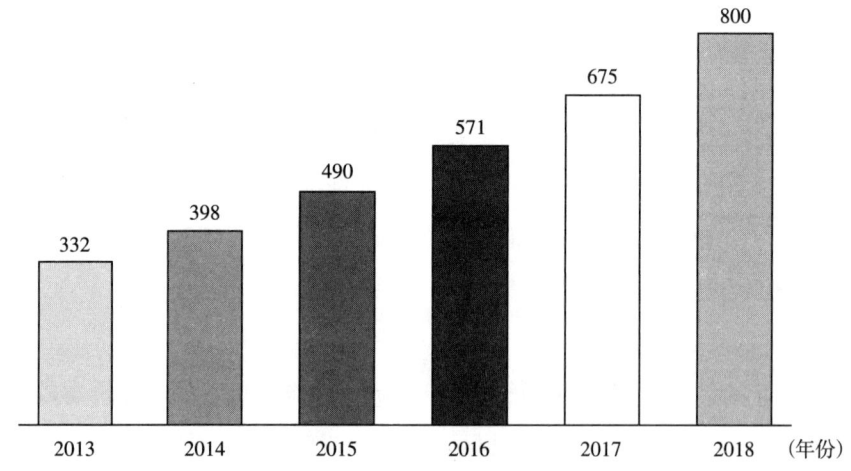

图 17-7　2013~2018 年艺术培训市场规模与预测趋势(亿元)

数据来源:根据国家统计局预测整理。

第二节 行业分析

一、行业发展现状

(一) 艺术教育培训行业现状

我国艺术培训市场规模已经由 2008 年的 64 亿元发展至 2015 年的 462 亿元，年均复合增速 32.62%，其中 2015 年较 2014 年同比增长 16.08%（见图 17-8）。预计，2018 年整体艺术培训市场规模将超过 800 亿元。而音乐培训作为其重要组成部分，市场空间巨大。我国艺术培训市场多以本地艺术学校为依托，具有门槛低、规模小、监管少、竞争恶劣等特征。

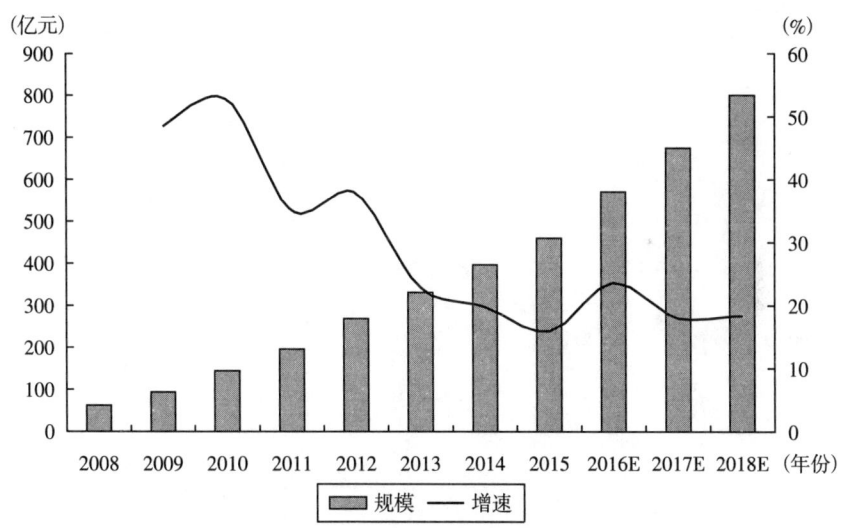

图 17-8　2008~2018 年我国艺术培训市场规模

2014 年社会音乐考级培训、艺术高考音乐培训的总产值为 643.8 亿元，较 2013 年产值增加 66.8 亿元。其中，艺考报名人数为 83 万，比 2013 年下降 17%；艺考音乐培训产值 66 亿元，同比减少 11.5 亿元；音乐考级主要培训机构数量约为 8500 家，参加全国性的音乐考级的考生达 120 万人以上。社会音乐考级培训总值约为 577.8 亿元，较 2013 年增加 78 亿元。随着互联网新技术的开发，"慕课"、"牛班"等在线音乐教育培训模式应用越来越广泛，将成为未来行业发展的新亮点，具有巨大的市场潜力。

（二）在线教育行业发展现状

在线教育领域企业数量估计约有 8000 家左右，这里指的是泛在线教育，包括学前教育、中小学教育、高等教育、职业教育、出国留学、语言学习以及教育信息化和综合类的项目。每个单分领域都有典型的公司，大型的几乎都是教育信息化公司。iiMedia Research（艾媒咨询）数据显示，2014 年中国在线教育市场规模达到 1264 亿元，2015 年中国在线教育市场规模达 1711 亿元，增长率为 35.4%（见图 17-9）。艾媒咨询分析师认为，在"互联网+"的推动下，在线教育市场将维持此前的快速增长趋势。同时，在线教育产业将逐渐趋向移动化，各细分领域格局仍然未定，存在很多发展的机遇。

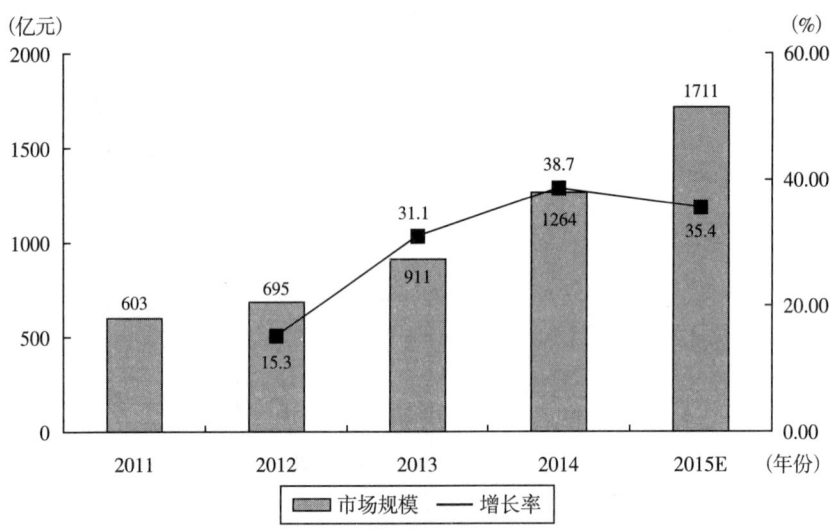

图 17-9　2015 年中国在线教育市场规模及预测

iiMedia Research（艾媒咨询）数据显示，2014 年中国移动教育市场用户规模达到 1.71 亿人，2015 年中国移动教育市场用户规模达 2.49 亿人，增长率为 45.6%（见图 17-10）。艾媒咨询分析师认为，由于产业资本持续融入，移动教育产品日渐成熟,关于用户的营销推广战一触即发,2016 年移动教育用户有望再次提速。

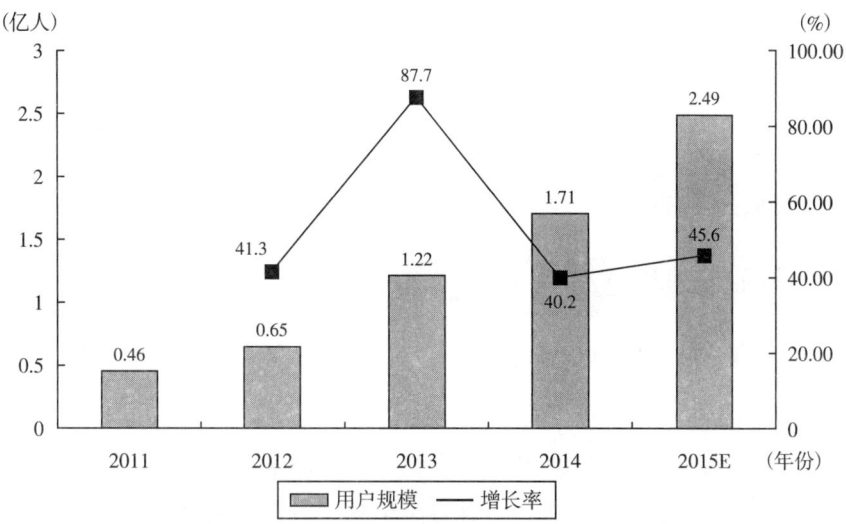

图 17-10　2015 年中国移动教育用户规模及预测

iiMedia Research(艾媒咨询)数据显示,2014 年中国在线教育(K12)市场规模达到 275.0 亿元。2015 年中国在线教育(K12)市场规模达 359.2 亿元,增长率为 30.6%(见图 17-11)。艾媒咨询分析师认为,K12 作为在线教育一大

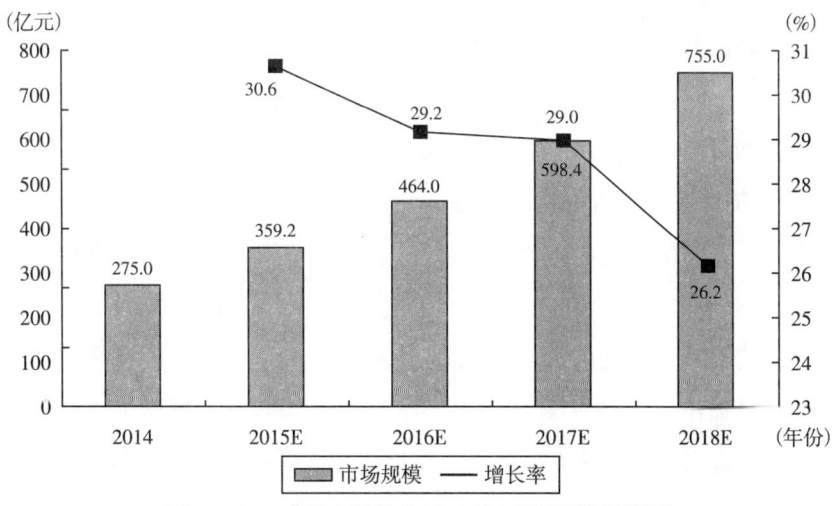

图 17-11　中国在线教育(K12)市场规模及预测

领域，一直备受投资者青睐。当前行业已完成了初步的技术累积以及商业模式探索。

（三）在线艺术教育培训行业现状

艺术教育培训市场已被公认为"朝阳产业"和最具"钱景"的市场之一。就业压力、传统教育体系的理论与实践脱节、资格认证制度的实施、办学政策的放宽等因素为培训市场的发展提供了广阔的机会。再加上互联网的发展，在线艺术培训已经成为一种趋势。

二、行业发展机遇

（一）"互联网+"的快速发展

李克强总理在政府工作报告中提出"互联网+"行动计划后，国务院常务会议又通过了《"互联网+"行动指导意见》，政策和利好形势驱动"互联网+教育"的发展。在"互联网+"的冲击下，教育组织和非教育组织的界限已经模糊不清，甚至有可能彻底消失。社会教育机构的灵活性正对学校教育机构形成强有力的冲击。育人单位和用人单位也不再分工明确。

从实质上看，"互联网+"对教育的影响主要体现在教育资源的重新配置和整合上。一方面，互联网极大地放大了优质教育资源的作用和价值，从传统教学模式下一个优秀老师只能服务几十个学生到现在能服务几千个甚至数万个学生；另一方面，互联网联通一切的特性让跨区域、跨行业、跨时间的合作研究成为可能。当下，移动设备的普及和互联网技术的成熟加速了在线教育的发展，高速带宽与4G移动时代极大地提高了直播课程和碎片时间学习的可能性。

（二）政策对艺术教育行业的扶持

党的十八届三中全会中提出，"要建设社会主义文化强国，增强国家文化软实力"。教育部根据党的十八届三中全会的会议精神，2014年1月底发布了《关于推进学校艺术教育发展的若干意见》，进一步提高了艺术教育在教育体系中的地位。该意见提出：2015年开始对中小学校和中等职业学校学生进行艺术素质测评。艺术素质测评纳入学生综合素质评价体系以及教育现代化和教育质量评估体系，并将测评结果记入学生成长档案，作为综合评价学生发展状况的内容之一,以及学生中考和高考录取的参考依据。这一教育政策的实施将为艺术培训行业赢得一个全新的市场。

（三）人们的文化艺术需求日益提升

2014 年,我国人均 GDP 已经超过 5000 美元,社会消费结构正向发展型和享受型升级。消费需求结构的调整同时影响了经济和社会结构。随着人们物质文化生活的逐步提高,民众对于艺术素质教育的意识也逐渐提升,需求结构不断扩大,需求前景广阔。艺术培训是文化艺术消费,更是文化艺术再生产。人们对于文化生活、文化产品和服务质量的要求日益提高,文化创意产业的发展也随着需求增加而发展。

三、行业发展壁垒

（一）规模化经营模式未成体系

企业需要扩张以形成规模效应,管理运营队伍需扩大。但在规模扩大之后,管理团队自身的认知和管理水平也会带来问题。非集中办公区难以为初创企业注册,集中办公区登记制度有待进一步完善。

（二）投融资渠道不完善

融资是目前我国中小创意企业发展的最大瓶颈,由于艺术教育的中小企业其本身依赖创意创造价值和高风险的特点,资本市场难以向其倾斜,因此在贷款、融资、担保等环节都存在极大的困难,因而限制了其发展壮大。

（三）知识产权保护环境不健全

目前我国知识产权保护体系尚有待完善,假冒、仿造产品存在的高额利润极大地抑制了企业创新的动力和创意产业的持续,盗版、侵权又挫伤了创新人才和企业的创新积极性。政府需要健全法律法规和提高管理能力,营造一个保护创新者权益、维护文化创意企业利益的良好市场环境。

（四）艺术教育人才不足

教育来自于人,创新性的想法和教育必然来自于有创意的人才,后者的缺乏必然导致前者的产出不足,因此,艺术教育人才是文化创意产业生存和发展的基础和来源。

（五）不完全竞争现象

艺术教育产业面临的市场不完全竞争现象很大程度上是由于政府未能把握好自身角色造成的。当前我国文化体制尚存在很多缺陷，运作较成功的艺术教育企业都具有国企背景，一方面，政府选择扶持对象时，往往倾向于优先扶持大型企业的发展；另一方面，拥有国有背景的大型企业，通常情况下有较多资源和力量来争取政府支持，因而导致竞争失衡甚至出现行业垄断。

四、行业竞争分析

（一）潜在竞争者的威胁

1. 进入壁垒

VR艺培达人科技有限公司由全国青联委员邹志刚博士联合全国青联、国商汇等联合成立，集合了几十位各行业领域的领军人物的智慧，组建了艺术、社交、技术、投资、文化、培训六大专业委员会，以全球强大的资源为依托，整合艺术行业领域的优势资源，建立管理、运营和技术人才库以及全球范围内新艺术、新创意及相关知识产权信息的大数据库。艺培达人专注于专业的艺术培训，在国内市场具有独特性，甚至唯一性。

艺术教育培训机构的进入门槛较低，是艺术教育培训公司基础业务充分搭建"线上+线下"精准、高端艺术教育培训的信息服务平台。只要打开电脑，戴上耳机，就可以随时随地与国内外知名"艺术大家"1对1学习；通过互联网1对1的教学方式，自选老师，自选课程，自选时间，以实惠的价格让普通家庭都能享受高端艺术指导，公司还将通过平台提供艺术考级、第二课堂、艺术高考、出国留学、演出演艺、参赛获奖的一站式全方位服务，为终身艺术学习者搭建完善的线上学习深造平台。VR艺培达人科技有限公司拥有高质量的人才团队和独特的企业核心竞争力，面对市场上和网络上逐渐兴起的培训机构，具有较强竞争优势。

2. 技术壁垒

利用互联网的发展，搭建"线上+线下"专业化信息服务平台，开拓网络课程，是线下实体店不可比拟的竞争优势。但同时互联网技术的易复制性也使得技术壁垒降低。

利用 VR 技术，研发出具有 VR 效果的网络视频教学，可以实现对身体各个部位的充分展示，能够有效解决艺术学习生注意力缺失、课堂效率低和学习内容陈旧的问题，为弥补 21 世纪艺术课堂教学的缺陷提供了新的机会。利用这种技术，教师可以在课堂上带学生去校车开不到的地方、探索 VR 教学艺术体验馆。

VR 的使用已经在运动领域产生了良好的反响。真实影像技术让图片尽少失真地在另一媒介上展现，这一尝试已经获得成功——NFL 和 Dallas Cowboys 已经将这项技术应用于足球运动员的训练。运动员只需要戴上 VR 眼镜，就可以看到训练的图像，体验在球场上一样的真实感受。

（二）替代品的威胁

VR 艺培达人科技有限公司专注于艺术领域，打造精准、高端艺术教育培训服务，为由艺术需求的消费者提供优质产品与服务，同时将有艺术需求的消费者吸引聚集起来。艺术教育培训拥有更专业教师团队，结合先进的技术进行线上艺术培训。由于 VR 艺培达人的专业性和唯一性，潜在替代品的威胁小。

（三）供应商的讨价还价能力

VR 艺培达人的上游供应商主要是公司的员工，也包括外聘专家、培训导师和外部技术资源的提供等。对于公司员工来说，他们讨价还价的能力表现为能否争取到更高的报酬和更好的福利。在投入运营后，高新区会为进驻创业梦想街区的企业提供 3 年房租全免政策，并为企业员工提供非常优惠的住宿配套设施、公交入园等服务，同时引进餐饮娱乐等商业配套设施，并管理公共区域绿化配套设施，为企业提供优惠和完善的生活配套设施。优越的福利待遇，供应商的议价能力较弱。

（四）买方的讨价还价能力

艺术教育培训行业中的主要购买者就是培训对象，艺术教育的培训对象是所有想要实现艺术梦想的各年龄段人群。同一个消费者可以选择不同的培训机构，具有较强的讨价还价能力。此外，培训对象的讨价还价能力还取决于培训机构的综合实力和培训的费用。一般来说，我国众多中低端艺术培训机构的培训内容相似性很大，线上和线下消费者的黏性非常低，容易在同质化产品中不停游走，替代性大，层次不高，培训机构较为集中，培训机构间的价格竞争激烈。

（五）行业内现有的竞争者

现有的产业链服务型和教育培训型等综合性创客平台竞争激烈。艺培达人专注于艺术领域的培训服务，对比综合性的融资渠道和市场份额受到一定的限制。

在线教育的领域里，绝大部分教育机构都可以算在线教育的同行，线下艺术教育培训的竞争早已进入成熟化和同质化，线上发展将成为整个行业的发展趋势，线上行业竞争将更加激烈。

五、行业内竞争对手分析

（一）环球艺考教育

环球艺考教育主要从事艺术生高考、文化课辅导、艺考生专业课辅导、艺考生国际文化交流项目。于2006年在北京海淀国家图书馆成立，近八年来在艺考文化课、专业课辅导、艺考生国际交流方面取得显著成绩。

发展优势：文化课方面，环球艺考根据艺考生的特点，组织了一批有多年艺考文化课培训经验的专业化教师队伍、开设有1对1辅导和精品小班教学、良好的星级宾馆住宿条件及封闭式的教学管理；在专业课方面，环球艺考专业课教师师资雄厚（所有老师都是从这些院校选拔出来的资深艺术专家及优秀研究生）。提供宽敞专业的练习场所，这些宝贵资源为环球艺考教育的迅速发展取得得天独厚的优势，很快发展成为艺术专业培训行业的佼佼者；在艺考生国际交流方面，环球艺考教育和美国15个州立大学及澳大利亚、新西兰、英国等多个国家的艺术院校有协商合作、并组织艺术夏令营及出国游学营等专项艺术旅游项目，为国内外艺术生国际艺术文化交流创造了更好的条件。

（二）北广之星

北广之星是中国传媒大学培训学院青少年项目授权培训机构，从2005年开办第一期播音主持班发展迄今，已培训学员3.5万人，播音主持、广播电视编导、表演导演、音乐与录音、英语播音、摄影、美术等专业全面开花，总体升学率超过95%。依托中传，整合中戏、北电、上戏、浙传等顶尖艺术院校的优势师资，北广之星形成了一整套非常完善的培训模式，成为中国艺术教育第一品牌。

(三) 艺先锋教育

艺先锋教育创始于 2005 年，是一家专注于艺术教育，以提升国民艺术素质为理想的大型专业教育机构。八年来，机构以 "Your dream is our order"（你的梦想是我们的使命）为口号，为学员提供艺术素养培训、高考应试培训、艺术留学教育、职业技能培训等链条式教育服务体系，以其鲜明的"梦想教育"和"信念教育"理念，"线上线下"双向结合的强大教育资源，以及"陆海空"三维发展战略，备受社会各界关注和赞誉，成为中国大陆艺术教育领域具有鲜明特色和雄厚实力的领军团队，系中国艺考联盟发起者（百余家会员单位参与）。

发展优势：艺先锋依托雄厚的高等院校和媒体资源，精心打造"名师工程"和"名课工程"，特聘中国传媒大学、北京电影学院、中央戏剧学院、清华大学美术学院、中央美术学院、中国音乐学院等著名教授、主考考官、骨干教师亲临执教；艺先锋建立了一套统一完备的全程教学服务体系，以个性化专业测评、标准化魔鬼训练、科学化志愿报考、人性化跟踪带考以及战略化职业规划等为服务流程，为学生的终身学习能力和生活能力打下基础；艺先锋同时以"艺考达人秀"为舞台，帮助学生认识自己价值、挖掘艺术潜质、重塑文化自信，以"艺先锋沙龙"为桥梁，使学生与艺术名家面对面交流，提升艺术视野，以"艺先锋青年戏剧电影基金会"为阵地，为学生升入理想学府及走入职场后的艺术实践，提供强大支持；艺先锋还与多家政府机构和媒体建立战略合作，与中央电视台推出"艺先锋杯"中央电视台主持人大赛；与中国最高检察院合作公益性普法教育《青春防线》；与《光明日报》合作推出《2013 全国艺术类院校报考信息指南》等大型活动，获得了广泛的影响力。

第三节 产品设计

一、产品背景

在现阶段，人们的需求不再限于物质追求，而且趋向于精神追求，在一个拥有13亿人口的泱泱大国，随着物质生活水平的提高，人们对于文化生活的追求也越来越高，许多上班族在闲暇时报名学习一些音乐美术课程提高生活品位；另外，现在的家长也十分关心孩子们的全面发展，帮助孩子们选择一个艺术特长进行培养，使孩子拥有一技之长；艺术考试人数增加，考生们急需一个专业的辅导机构帮助他们快速掌握考试技巧、考试重点等，由于以上原因，当前社会涌现出许多艺术培训的机构，良莠不齐，而且大多数培训机构都仅是线下的传统培训方式，很少有一个成熟的、真正适合顾客的培训平台，所以我们致力于整合一些培训资源，发展一些更加适合当代需求者的教程，开发自主网络课程，并且我们在培训课程中加入最新的 VR 技术，帮助学习者更加客观形象地理解老师所讲授的课程，另外，还聘请了国内外大量专家教师为广大学子辅导课程，让学生能够真正学习到有用的知识，增加他们对音乐艺术的更高更深层次的理解，完善现阶段的培训市场，提升培训行业的整体素质。

公司依托于江西师范大学（江西师范大学作为江西省综合类高等院校，拥有区内最优秀的师资力量以及每年都有一大批优秀的毕业生资源），可以提供大量的人力资源，既为广大毕业生提供了就业的空间，也为公司的成长提供了有力的帮助。

二、产品概述

公司以音乐艺术培训作为公司的主要发展方向，帮助更多人了解音乐艺术，让更多人喜欢音乐艺术，擅长音乐艺术是公司的宗旨。我们的音乐艺术课程主要分为三大类，相互扶持、相互关联，包括高考培训课程、兴趣体验课程以及儿童启蒙课程三个部分，每一部分的设置都是经过精心考虑的。课程部分包含了声乐、器乐、音乐教育等多种课程类别，每一项课程都结合了最先进的 VR 技术，利用高科技更好地帮助音乐课程的学习者理解课程精要，更快地掌握老师所传授的知识，课程大多具有独创性，甚至有些课程通过了国家商标专利的认证。

公司在线上部分将开发自有的网站以及手机 APP，吸引更多的人关注公司，在公司建立初期也会通过与其他平台的合作，来达到推广公司的效果，并且还会通过建立线上艺术考试查分系统、建立专业的艺术论坛等模式，吸引更多艺术爱好者、高考艺术考生完成并实现梦想。

公司在线下部分，主要以江西省为试点进行前期的运营，在人才大厦等地开设艺术培训空间等，并且得到了学校等各个方面的大力支持，通过云端艺术爱好者沙龙，让更多艺术创业者进行交流。

第四节　产品研发

公司很大一部分课程属于自主研发，线上部分聘请专业的老师录制课程视频，并且采用全新的模式拍摄，届时将会引进 VR 技术，另外不仅播放已经录制的课程，还将定期进行直播课程，实现线上与学生互动；在线下部分，将成立 VR 体验馆以及一些专业的培训教室等，公司与许多国内外名师大家都有合作，学员可以体验来自专业且经验丰富的老师的课程，还推出了一系列与教学相关的书籍和一些教学辅助用具，帮助学员更好地系统地学习课程；在课程研发部分，根据团队老师多年的经验总结出了一套非常特别并且行之有效的方式进行教学；并且在产品推广的过程中将根据后台的信息以及客户的反映及时进行反馈，在第一时间掌握消费者的动态，并且及时改善和优化产品。

VR 艺培达人科技有限公司致力于全面发展，让每一位有艺术梦想的人都实现"艺术梦"，公司不仅帮助音乐爱好者设计更加合理的课程计划，还自主研发培训课程，线上线下相结合，服务于每一位有需求的客户，努力成为一家值得信赖的音乐艺术培训公司，使大家在这里不仅可以学习到艺术知识，并且得到真正的快乐，完成艺术梦想。采用全新模式，引进最先进的技术，给予客户最贴心的服务，以最低的价格使大家受到最良好的艺术教育。

一、高考培训

现在越来越多的人参加艺术考试，艺术考试逐渐成为现代学生的另一选择，所以公司现在致力于帮助更多艺考学生实现艺术梦想，帮助他们进入理想的学府学习、生活。线上部分，聚集引进音乐大家名师进行课程的录制以及指导，先进行免费课程的体验，再进行选择是否要接受下一步的培训，并且录制视频采用最先进的 VR 技术，帮助考生更好地理解所学习的知识，同时我们也会为参加艺术考试的考生提供一些应试技巧方面的指导，通过课程的免费先期试用以及名师聚集效应，形成品牌效应，吸引更多人来公司培训。在线下部分，我们将建立更专业的培训场地，提供一流的设施进行培训，另外，我们将根据考生不同的志愿方向提供侧重点不同的服务，公司还将先进的 VR 技术融入课程辅导，建立线下 VR 体验馆，让考生更好地理解如何发声，如何更专业地将音乐融入生活并且将其寓于理解，最终实现梦想，考取理想的学府。

（一）声乐教学

声乐考试是高考艺术类特长生的必考科目，通过考生所演唱的歌曲，测定考生演唱的基本能力，以及对音乐的表现能力及嗓音条件等。因此学习好声乐对于高考艺考生来说是必不可少的，为了使考生可以运用良好的发声方法进行演唱，采用专业 VR 技术，将发声时人体肺部的变化以及声带的变化进行演示，让考生更好地理解用身体的哪一部分进行发声，怎样发出声音既让人舒服又能保护嗓子等；除了先进的技术，还与大量音乐导师合作，在声乐的学习过程中这些音乐导师都将利用长期积累的经验亲身指导考生；还会让学生接触不同的曲目，让考生欣赏不同层次的比赛，通过不断学习总结出适合自己的一套方法，在学习中不断提升自己；最后还会模拟考试场景让学生充分练习，提高学生的心理素质水平，在模拟时采用真实的场景再现，老师给予学生鼓励，让学生建立起信心。

（二）器乐教学

器乐考试与声乐考试同样重要，在艺术考试中考察器乐演奏主要是想通过考生所演奏的乐曲，测定考生演奏的基本能力与水平。想要学习好器乐仅靠突击练习是不行的，需要一个长期积累的过程，我们通常所说的器乐包括钢琴、小提琴、大提琴、低音贝斯、单簧管、萨克斯、长笛、二胡、古筝、笛子、琵琶等。在线下教学部分将提供优良的乐器供学生学习，帮助学生更好地进行器乐的学习，在学生的学习过程中引进 VR 技术，让学生身临器乐演奏现场，感受器乐演奏的乐趣；另外，还将聘请专业教师进行指导，帮助学生纠正基本错误等。根据学生的程度，逐步升级、循序渐进，让学生在器乐方面稳步提高。

（三）音乐基础知识

高考艺术类考试除了考查学生的声乐、器乐等基本功外，还要考察学生对于音乐的了解程度。对于一个高考艺术生而言，学习基础的音乐知识是十分重要的，因此在音乐基础知识的部分也同样会对考生进行辅导，在声乐与器乐的教学部分中穿插基础知识的培训，在实践中学习，在学习中实践，寓教于乐，让学生更好地吸收音乐基础知识。

二、儿童启蒙艺术培训

随着时代的发展，只会学习而没有才艺的人会逐渐被社会淘汰，而家长们也逐渐意识到了这一点，所以便会重视孩子儿童时期的艺术启蒙教育，公司针对儿童启蒙音乐进行了一系列的课程设计，帮助更多孩子走进音乐的殿堂，了解音乐的有趣。儿童的感知与记忆能力都优于一般人，所以通过引进 VR 技术让各种音乐课程变得如同身临其境，这样就可以更好地帮助孩子们完成音乐学习，提高他们的兴趣，让他们在学习中找到快乐。另外还建立了专业的场地，让儿童学习更加方便，也会根据丰富的教学经验设计出适合儿童的启蒙计划，提高孩子的音乐艺术素养。

（一）少儿国学音乐

随着时代的进步，人们越来越喜欢学习一些新鲜的东西，更喜欢接收一些以前没有过的事物，但是却渐渐淡忘了对传统文化的学习，中国传统文化是世界文化之林中的闪闪明珠,作为炎黄子孙,对于传统文化的学习我们是不能忽视的,所以我们就将传统文化与音乐艺术培训相结合,定位为3~14岁儿童,使他们在接受艺术熏陶的同时不忘传统文化,将传统的文化以音乐剧的形式展现出来,并且可以通过参加一些比赛,提升公司的知名度,在这一部分加入了最新技术VR,模拟场景进行培训。

(二)声乐启蒙课程

经过研究发现,在儿童时期学习声乐是十分有必要的,在学习声乐的过程中会进行唱歌姿态的训练,这一点就如同训练一个人的气质,要歌唱者以良好的状态来歌唱,通过训练来提高神韵。经过一段时间的训练一个人先收获的是气质变化,将歌唱状态逐渐生活化,使歌唱者具有艺术的气质,同时对稳定声音状态有很大的帮助。从小培养孩子的艺术气质,会为孩子的未来打下良好的基础,另外学习声乐还可以让孩子收获良好的心态,长时间重复的生活会使人麻木,声乐艺术是一项表演艺术,很需要歌唱者具有很强的自我表现能力,良好的自信心和充满激情的歌唱状态。所以声乐训练的一项基础训练就是情绪训练,通过训练调整人的情绪,只有在情绪兴奋的情况下,声乐学习才会有更快的进步。所以我们常说声乐学习先要学会脸皮厚,学会表现自己。从声乐的第一节课就要意识到声乐学习的目的就是面对观众演唱,即使业余学习也是如此,所以要学会调整自己的情绪,充满激情和自信地去歌唱。而歌唱状态的稳定有赖于生活态度的转变,让生活充满激情,歌唱自然也会充满激情。这也是我们对儿童进行声乐培训的主要目的。基于以上两点为孩子量身打造课程,加入VR体验让孩子们身处其中,可以从小培养锻炼他们的胆量以及心态。

三、兴趣课堂

人的兴趣不分年龄,每一个人都有追求梦想的权利,在追求梦想的路上,我们应该受到所有人的尊重,若能找到志同道合的朋友一同奋斗,实现梦想,是再好不过的了。

(一)BRVP流行演唱

这是一项针对大众演唱的教学课程,BRVP其实是Breath、Rhythm、Voice、

Performance 的组合,四位一体的教学模式和独特的教学内容,帮助那些有唱歌梦想的人在最短的时间内学会唱歌,掌握流行演唱方法,提升演唱能力。BRVP 流行演唱以实践教学为理念,以欧美流行演唱教学为基础,通俗易懂,实用性强。先借助微信平台推广,在微信上学习免费课程,增加关注度,如果适用的免费课程有效,可以继续购买下面的课程。

(二) 器乐演奏课程

现今阶段,我们的兴趣不再局限于唱歌,随着民谣一类音乐的兴起,我们对于乐器的学习兴趣也在不断提高,在大学时期如果哪位同学掌握了一门乐器,那么就相当于掌握了男神女神的必备技能,并且学习乐器还可以让我们更好地了解音乐的旋律以及意境。在学习乐器的过程中会根据学生不同层次的水平,帮助学生更好地学习,在学习的过程中采用先进的 VR 技术,帮助乐器的学习者更好地掌握乐器弹奏的技巧,并且专业的教师团队也会让客户的学习更加系统化。

四、产品基础平台建设

(一) 线上部分

公司现在的发展涉及多个领域,发展前期借助其他网上平台进行宣传吸引粉丝,比如,微信、唱吧、QQ 等常用平台,而后期逐渐成熟后将开发自己的网站平台,将各个模块如各类课程、一些联系的基本方法等统一在网站平台上进行输送;致力于吸引更多的人浏览网站并从中获得乐趣,逐渐成为一个能够帮助别人完成艺术梦想的平台,一个艺术兴趣爱好者的聚集地,大家可以在网站上交流,同时在网站上也会推崇公司的一些理念,使大家能以良好的心态进行艺术学习,因此将推出线上论坛交流形成隐性推荐,由原有艺术爱好者、艺术大师以论坛讨论的形式分享艺术体验,通过论坛专家提供问题反馈服务。在交流中传播艺术培养意识,同时增加了产品曝光度,拉动消费;同时我们引进 VR 技术,让学习更加方便快捷;线上部分还会针对艺考学生开设一个主页,专门收集各高校艺术考试的招生简章以及各类艺术考试信息,形成一站式的管理,让考生更加方便、全面地了解艺考信息;网站还会涉及公益类项目,因为我们发现,许多贫困的孩子也有着他们自己的艺术梦想,但是因为家庭条件问题或教育条件问题等不能接受到良好的培训，那么我们就可以借助这个平台，来帮助那些不能完成艺术梦想的孩子们；同时我们还会在这一平台上挑选一些比较实用并且价格适中的教学辅助用具进行售卖，致力于打造一个艺术产业中的"淘宝网"，应有尽有，使人一想到"艺术"就想到我们的网站平台。在线上部分，我们不仅建立自己的网站平台，而且为了方便客户使用，我们还会开发手机 APP 让更多人以最方便的方式轻而易举地接受艺术的熏陶，随时掌握各类关于艺术的最新信息。

（二）线下部分

在线下这一区块，我们主要以江西省为试点进行前期的运营，在人才大厦等地开设艺术培训课堂等，我们在线下将设计 VR 体验店，让 VR 技术更好地帮助我们学习，帮助我们更好地理解与学习音乐艺术；另外，在线下我们还会不定期举办各类比赛，邀请国内外知名音乐家作为评委进行点评，帮助客户建立信心，同时宣传了公司的实力；我们的团队也得到了学校等方面的大力支持，我们将以最优质的服务、最优秀的老师来迎接每一个怀着艺术梦想的艺术爱好者，以最全面的资源、最舒适的空间来满足所有艺术创业者的需求。我们秉持着为更多有艺术梦想的人实现他们的梦想，所以在规范化课程的教学以外，还推出了特色化教学，根据个人的情况进行单一的专业化指导，使更多人可以向着更加专业、更加优秀的艺术领域迈进。

对于现有顾客，公司采取顾客保留服务，建立消费者信息库。针对性别、年龄、地区等影响购买力的因素进行分析，精准定位服务人群，为具有持久购买力的顾客优先选择相关产品课程推送，并在获得反馈后提供一定的产品体验鼓励，如课程前期试用，产品捆绑体验。对于新客户，他们缺乏对品牌的关注，对公司艺术培训了解不够深入，需要为其增加相关知识，培养消费者对提升艺术创作的体验需求。因此，推出线上论坛交流形成隐性推荐，由原有艺术爱好者、艺术大师以论坛讨论的形式分享艺术体验，通过论坛专家提供问题反馈服务。在交流中传播艺术培养意识，同时增加了产品曝光度，拉动消费。

第十八章　商业模式及营销策略

第一节　商业模式设计

现代管理学之父彼得·德鲁克说过："当今企业之间的竞争，不是产品之间的竞争，而是商业模式之间的竞争。"所以我们需要一个有效的盈利模式，让我们的希望变成现实。公司将利用商业模式画布来分析商业模式，以期找到适合的有效的商业模式。

商业模式要素的画布模型是一个视觉化的商业模式架构和分析工具，它可帮助企业更直观地分析自己的商业模式并加以调整。该工具通过商业模式的九个要素来分析企业的商业模式，从而实现描绘现有的商业模式或设计新的商业模式。商业模式要素画布模型包含四大支柱：产品或服务界面、资产管理界面、客户界面和财务界面，四大支柱下还包含九个构成要素。公司将采用商业模式要素的画布模型完成对该项目的商业模式分析。

一、客户细分

客户细分即公司所瞄准的消费者群体。艺培达人科技有限公司主打艺术在线培训，它能够衔接培训机构与学员，也可以直接作用于学员，因此它的客户细分属于一个多边市场。它的客户主要是：①高考的艺术考生，VR艺术课程可以帮助高考的艺术考生们找到自己的薄弱环节，并且可以无时间限制地有针对性地改正，从而实现考生们的大学艺术梦；②艺术爱好者（包括少儿、中年、老年），在现在的大环境下，家长们都特别重视小孩的艺术培养，从而为公司提供了机遇，再加上老龄化加重，今后越来越多的老年人在家闲着，为他们提供艺术培训能够给他们无聊的生活带来活力，所以老年人也是需要考虑的一个大市场；③培训机构，随着今后技术的发展，O2O 的教学模式也将在培训者中掀起浪潮，可以与培训机构合作，将我们的 VR 课程销售给他们，提高他们竞争力的同时也给自己带来商机。

二、客户关系

客户关系指企业为达到其经营目标，主动与客户建立起的某种联系，主要有以下几种类型：个人助理、专用个人助理、自助服务、自动化服务、社区、共同创作等。

根据客户的不同，其客户关系也存在着差异。对于线上的学员和培训机构，客户关系的实现主要靠客户在网络上或者 APP 上自助完成。对于线下学员和培训机构而言，与其互动的是该项目的地推人员及教学老师，属于人与人之间的交流，是个人助理关系。还可以利用网页及论坛，建立在线社区。

三、渠道通道

渠道通路是产品接触消费者的管道，该项目的渠道通路涵盖了线上及线下，主要包括以下两个方面：

（1）线上通道。线上通道包括互联网和 APP。互联网不但包括网页，还包括网站、论坛、高考艺术查分系统等。APP 主要是艺培达人 APP。

（2）线下通道。线下主要是相关的 VR 技术体验馆，培训场地以及相关的教学老师和地推人员等。线下渠道的实现主要靠他们来实现。

四、价值主张

价值主张是用来描绘为特定客户细分创造价值的系列产品和服务。该项目针对不同的客户提供不同的产品和服务。

（1）针对学员，包括高考艺术生、艺术爱好者，提供的服务主要是培训。针对不同的学员提供不同的VR视频课程，以满足他们对艺术的追求。

（2）针对培训机构，提供的主要是VR视频课程。

五、收入来源

收入来源用来描绘公司从每个客户群体中获得的现金收入。包括：

（1）通过线下的高考艺术培训课程、兴趣体验课程、儿童启蒙课程获取课程培训费获利。

（2）利用线下的VR体验馆、艺术爱好者沙龙等吸引学员下载艺培达人APP，同时吸引学员关注艺培达人的网站，并且利用艺培达人APP以及网站上的广告获利。

（3）与一些艺术培训机构合作，将VR视频课程销售给艺术培训机构获利。

（4）建立艺术考试查分系统，通过该系统宣传艺培达人以及VR视频课程获利。

（5）学员直接进行线上VR视频课程，从而获取课程费。

六、关键业务

关键业务是企业获得成功运营所必须实施的最重要的活动，该项目的关键业务是VR视频课程的开发以及平台的开发和维护。艺培达人科技有限公司通过平台为客户提供各类服务，从而实现其价值主张。

七、核心资源

核心资源即资源和活动的配置，包括实体资产、金融资产、知识资产或人力资源等，该项目的核心资源主要有以下几方面：

（1）客户基础。前期线下的培训为公司积累了大量学员资源，他们能够影响和带动潜在客户。

（2）平台。VR视频课程的教与学需要在平台中实现价值。

（3）技术支持。VR视频课程的研发以及艺培达人APP和网站的维护，需要技术公司的技术支持。

（4）人。所有企业都需要人力资源，在培训教育行业尤其重要。包括提供培训的师资，提供技术支持的技术人员，VR 视频课程的研发人员、人事、财务等。

八、重要伙伴

重要伙伴是指商业模式有效运作所需的供应商和合作伙伴，该项目的重要伙伴包括：培训机构、为公司提供技术支持的技术公司、高等艺术院校。

九、成本结构

成本结构指特定的商业模式运作下所引发的最重要的成本，该项目的成本结构包括：

（1）VR 视频研发成本以及 VR 设备成本。VR 视频研发需要大量的资金投入。VR 设备作为先进技术的产物也需要大量资金支持。

（2）艺培达人 APP 以及网站维护成本。包括软件技术服务费。

（3）行政成本。包括员工的工资，培训场地的相关成本，电脑、桌椅等设备成本。

（4）市场推广成本。包括广告成本、促销成本等。

通过以上的分析，最终得到该项目的商业模式画布，如表 18-1 所示。

表 18-1 项目的商业模式画布

重要伙伴 ①培训机构； ②为公司提供技术支持的技术公司； ③高等艺术院校	关键业务 VR 视频课程的开发以及平台的开发和维护	价值主张 ①针对学员，包括高考艺术生、艺术爱好者，提供的服务主要是培训。针对不同的学员提供不同的 VR 视频课程，以满足他们对艺术的追求 ②针对培训机构，提供的主要是 VR 视频课程	客户关系 ①对于线上的学员和培训机构，客户关系在网络上或 APP 上自助完成 ②对于线下学员和培训机构，属于个人助理关系 ③还可以利用网页及论坛，建立在线社区	客户细分 ①高考的艺术考生 ②艺术爱好者（包括少儿、中年、老年） ③培训机构
	核心资源 ①客户基础 ②平台 ③技术支持 ④人。包括师资、技术人员、研发人员、人事、财务等		渠道通道 ①线上通道。线上通道包括互联网和 APP ②线下通道。线下主要是相关的 VR 技术体验馆，培训场地以及相关的教学老师和地推人员等	

续表

成本结构	收入来源
①VR 视频研发成本以及 VR 设备成本。VR 视频研发需要大量的资金投入。VR 设备作为先进技术的产物也需要大量资金支持 ②艺培达人 APP 以及网站维护成本。包括软件技术服务费 ③行政成本。包括员工的工资，培训场地的相关成本，电脑、桌椅等设备成本 ④市场推广成本。包括广告成本，促销成本等	①通过线下的高考艺术培训课程、兴趣体验课程、儿童启蒙课程获取课程培训费获利 ②利用线下的 VR 体验馆，艺术爱好者沙龙等吸引学员下载艺培达人 APP，同时吸引学员关注艺培达人的网站，并且利用艺培达人 APP 以及网站上的广告获利 ③与一些艺术培训机构合作，将 VR 视频课程销售给艺术培训机构获利 ④建立艺术考试查分系统，通过该系统宣传艺培达人 APP 以及 VR 视频课程获利 ⑤学员直接进行线上的 VR 视频课程，从而获取课程费

第二节　营销策略

一、产品策略

（一）提供差异化、定制化 VR 视频课程

所有追求艺术梦想的追梦者都可以根据自身的需求和兴趣选择 VR 视频课程；公司不仅专注于完成艺术梦想，更注重第二课堂的建设，利用 VR 技术，帮助学生在虚拟世界中切身体验学习的乐趣；线上线下帮助参加艺术考试的考生提供应试技巧方面的指导。

（二）产品组合策略

目前的培训对象过于单一。市场中每一个潜在客户都应当是公司挖掘的对象，将不局限于 3~15 岁的少儿和高考艺考生，针对目前流行的艺术跨界现象，推出综合类的线上线下艺术培训形式，即授课不再拘泥于某种单一音乐形式，而是向学员提供混合形式的教学模式：同时学生可以选择线上的 VR 视频或在线课程，也可以选择线下面对面的课程。针对不同的艺术领域，在艺术教育培训课程的基础上，提供各艺术类的穿戴设备以及高科技教学工具，如 VR 耳机、话筒等衍生产品，都将根据用户需求打造独一无二的用户产品组合体验。

(三) 产品线延伸和特色化

在线艺术类培训市场培训内容包罗万象，但戏剧专业、诗歌专业、说唱专业等方面该校均未涉及。如果开拓上面专业中的一种或几种（戏曲专业、戏剧专业、说唱专业），那么取得的市场效果将是显而易见的；公司位于江西省，人杰地灵，拥有得天独厚的先天物质资源和后天形成的独特的文化遗产。江西景德镇陶瓷文化是中国在国际市场上的名片，而且现今阶段陶瓷文化也越来越流行，利用地域优势，公司推出了瓷板画教学，包括设计图画作品，以及后期的制作工艺和线上的视频课程指导，帮助客户完成他们的艺术创作梦。高安采茶戏是一种流行于江西宜春地区的汉族戏曲艺术，高安采茶戏近年来被列入国家非物质文化遗产，以具有江西特色的文化产品来提高顾客关注度。

二、品牌策略

(一) 建立品牌知名度

网络营销的重要任务之一就是在互联网上建立并推广企业的品牌，进而快速树立品牌形象，达到提升。网络品牌建设是以企业网站建设为基础，加大品牌的宣传力度，提高品牌辨识度。品牌创立初期，要多做一些明显的有效宣传，如一句通俗易懂的广告语、一个具有鲜明特色的商标等；通过一系列的推广措施，实现顾客和公众对企业的认知和认可。

(二) 建立品牌忠诚度

以优质产品提高品牌美誉度，树立口碑。①提高师资要以优质的产品吸引顾客，赢得竞争主动权，提高产品美誉度。②以完善的服务提高品牌忠诚度。通过沟通反馈机制收集顾客意见，并及时改善，在顾客中树立良好的口碑。③企业良好的公众形象对于品牌至关重要。公司在后期将加大公益课程的投入，通过公益活动增强企业的社会责任感，提升企业的品牌形象。利用强大的口碑营销，传播的速度快，效率高。以朋友、同学关系为基础的微博、微信、QQ等社交圈，形成巨大的口碑营销场所，消息传播的速度快，使得营销效果更加容易达到。

三、价格策略

（一）产品价格分析

VR 网络课程价格的变化会不同程度地影响需求量，从而影响企业销售量。对于低端市场而言，VR 艺术培训作为一种兴趣以及气质的培养，消费者主要是儿童、下班后的白领和退休后的老人等。仅是一个兴趣的培养，并不需要达到很高的造诣，但对于价格变化则较为敏感，争夺此类市场客户，线下的 VR 教学体验以及良好的服务是最大的吸引手段；中端市场，基本属于向高端市场过渡的市场，由常见的艺考学生构成，这部分学生对于艺术的追求是十分强烈的，家长们对于这方面会有品牌意识，并且强调学习的效果和效率。当然对于一些家庭，价格也是一个考虑因素；高端消费者主要是想靠艺术创业的创业者，他们把艺术视为生命，是他们追求的理想，他们想将自己的艺术想法付诸实践，这样就构成了他们的消费观，他们具有较强的消费能力，追逐梦想是他们最强烈的愿望，品牌意识强，一般不会购买二线品牌，价格敏感度不高，高端市场的消费者甚至有追逐高价的倾向。

公司致力于开发不同的产品，满足不同层次的客户，将品牌重新定位为"产品结构最全，性价比最优，能够满足不同消费群体的大众名牌"。帮助更多人实现梦想，更好地响应国家的号召，利用先进的互联网技术，给顾客最优的服务。

（二）定价策略（心理定价、定制定价）

我们综合考虑公司面临的外部环境、内部环境，综合采用乐观决策和悲观决策法。认为价格策略的制定及实施是基于营销环境分析，包括内部环境分析、外部环境分析和非价格竞争力分析。实行定制定价策略，进行资料的收集，建立数据库，将每一个客户都当成一个独立的个体。根据客户的需求进行详细的分析，确定其难度，从而定制出一个合理的价格。此外，需要结合当前的法律、法规和投资人的期望才可以形成定价及调价方案。

（1）初步定价策略。经过场分析定价，进行模拟成本核算，结合销售经验做出初步定价，预留毛利润空间。

权益利润率 = 利润总额/所有者权益 = 销售利润率 × 资金周转率 × 权益乘数

毛利率 = (销售收入 – 商品成本)/销售收入

（2）实际市场定价策略。分析自身单品竞争力、季节性及卖点，指定不同竞争条件下的定价，必要时可进行预售帮助分析。

（三）价格调整策略

VR及互联网技术水平的提升、市场需求的变动以及生产和经营成本的变化都将对公司的定价决策产生影响。在一定的市场环境中，公司将适当对产品价格进行调整。价格调整策略可以从以下几个方面进行：

（1）主动升价。提升对竞争者定位及议价能力，作为新推出的VR视频课程，为了体现相比竞争者产品技术的先进性，同时为了提升艺创公司对顾客的议价能力，会适当在基础价格上上浮3%以内。

（2）主动降价。规模效应成本下降：随着VR网络课程的扩大以及相关成本的降低，我们会因为市场上竞争者的行为或者本公司扩张战略的需求，做出主动降价的准备。

竞争对手地位改变：竞争对手取得某些竞争优势。例如，技术新产品研发的突破，采取进攻性策略等。

公司做好主动降价的准备，以适应市场发展的需要，维系顾客群体以及通过价格调整主动出击夺取更多的市场份额。

（3）价格优惠。由于VR网络课程可以重复使用，与客户建立良好的关系对于产品的销售推广至关重要，因此，在顾客购买公司的产品时，给予一定的优惠。

除此之外，我们还需从以下三方面考虑：①最新的法律、法规的价格上限，任何商业决定必须要了解国家以及主管部门规定的法律和法规，要在合法、合规的情况下才考虑其他商业决定；②投资人的期望，能给投资者带来利润，并且在一定投资期内使得投资者的投资额回收；③非价格竞争力和价格的综合考虑，具体操作方法是，应用专家法，分别向10位熟悉创客市场的专家发出问卷，内容包括创客公司的人数、现有竞争对手的价格和非价格竞争力数据等。

四、渠道策略

为了在网络中吸引顾客关注公司的 VR 网络课程，通过以下渠道吸引顾客：

（一）扫描二维码，下载手机客户端

在学校或社区附近摆点，通过"扫描二维码，送纸巾"的活动，吸引更多顾客扫描公司二维码，下载 APP。增加顾客对我们公司 VR 网络课程的了解，促进宣传。同时方便顾客的移动式学习。

（二）建立艺术考生高考查分系统

在公司网站建立艺术考生查分系统，考生在网上查分的过程中浏览公司网站的产品和服务的介绍，通过网站的点击率增强公司的宣传力度。

（三）微博微信等平台推广

微博微信成本低，推广效果好，受众集中在 45 岁以下，符合艺术培训和艺术创业市场的潜在客户人群范围。利用微博微信中的公众号，上传公司的 VR 网络课程介绍，同时利用朋友圈、空间、BBS、博客、论坛等社交圈进行宣传推广。

（四）自主域名网络推广渠道

固定域名的网络应用服务已经从潮流产品变成公司与外界交流的必需品，实现亟待参与艺术培训人群通过网络搜索该校服务的功能。开通网络服务，增开在线复习课程。

（五）举办赛事活动宣传

通过举办歌唱比赛、万人合唱会等来吸引追求艺术梦想的人来参赛，对比赛的获奖选手分等级优惠价格购买公司的产品，广告效益和招生效益并举。

（六）免费测评系统

公司为学员提供免费测评系统，该系统可以对学员唱的歌进行测评打分，根据得分，分析学员的不足之处，帮助学员有针对性地解决自身问题。

（七）第二课堂共赢模式

采取开发共赢的推广策略，吸引大批学校购买艺术资源丰富的第二课堂教学以及吸引教育行业机构合作，将互联网在线教育与线下培训结合，为合作伙伴提供了一条低成本、高质量的艺术创业之路。

五、网络促销策略

网络促销是利用互联网来进行的促销活动,也就是利用现代化的网络技术向虚拟市场传递有关的服务信息,以引发需求,引起消费者购买欲望和购买行为的各种活动。网络促销形式如下:

(一)网络广告

借助网上知名站点(ISP 或 ICP)的网幅广告(包括 Banner、Button、通栏、竖边、巨幅等)、文本链接、关键词、免费电子邮件、赞助式广告、主页型广告和一些免费公开的交互站点(如新闻组、公告栏)发布公司 VR 网络课程等信息,对 VR 艺培达人公司和 VR 网络课程进行宣传推广。

(二)站点推广

建立相关的链接吸引上网者访问网站,起到宣传和推广 VR 艺培达人及 VR 网络视频的效果。

(1)搜索引擎注册。根据调查显示,网民找新网站时主要是通过搜索引擎来实现的,因此注册 VR 网络课程的搜索引擎是非常必要的,而且在搜索引擎进行注册一般都是免费的。

(2)建立链接。与不同站点建立链接,可以缩短网页间距离,提高站点的被访问概率。一般建立链接有下面几种方式:①在在线教育培训行业的站点上申请链接。②申请交互链接。寻找具有互补性的站点,并向它们提出进行交互链接的要求。③在商务链接站点申请链接。

(3)发布新闻。及时掌握具有新闻性的事件(例如新业务的开通),并定期把这样的新闻发送到 VR 艺培达人科技有限公司的网站上。将站点在公告栏和新闻组上加以推广。

(4)使用传统的促销媒介。使用传统的促销媒介来吸引访问站点也是一种常用方法,如在传统媒介发布广告。这些媒介包括直接信函、分类展示广告等。设计包含公司 URL 的各种卡片、文化用品、小册子和文艺作品。

(三)销售促进

利用可以直接销售的网络营销站点,采用一些销售促进方法如价格折扣、有奖销售、拍卖销售等方式，宣传和推广 VR 网络课程。

（四）关系营销

借助互联网的交互功能吸引用户与企业保持密切关系，培养顾客忠诚度，提高企业收益率。

第十九章 人力资源管理

第一节 团队建设

VR艺培达人团队分工明确,组织纪律性强。团队不仅自身实力雄厚,专业知识扎实,社会经历丰富,并且还拥有一支阅历极为丰富的顾问团队,组织的凝聚力高,人力资源丰富。

一、团队分工

VR艺创达人团队是一支由不断进取、开拓创新、充满活力、激情与梦想的年轻人组成的高效创业团队。团队有彼此互补的专业知识、实践经验和知识背景。专业跨度大、学历层次丰富,覆盖创业初期所需的各项学科门类。在公司发展的过程中,由团队中实践经验较多、能力较强的队员担任管理者,其他人担任配合人员。各成员积极性高,肯合作、敢挑战、会创新。团队内部以"合理分工,积极配合"为工作指导,团结奋进、不懈努力。对员工注意"悉心培养",对客户保证"优质服务"。

二、未来五年的员工规划

员工是企业立足市场、长远发展的保证,公司在创业初期将给予员工最大限度的发展空间,大力培养一批行业精英,为企业扩大规模、树立品牌奠定人才基础。同时，随着公司的发展，我们也将吸引更多的人才加入我们团队。表19-1是未来五年的人力资源规划。

表 19-1 未来五年公司规模规划

级别	2016年（人）	2017年（人）	2018年（人）	2019年（人）	2020年（人）
高层管理人员	5	5	6	7	7
中层及专业人员	15	20	30	30	38
普通员工	20	40	50	70	83
总计	40	65	86	107	128

三、培训与晋升制度

如何培训和何时晋升都需要通过绩效考核的记录来衡量，为了提高员工整体的素质，培养员工终身学习的好习惯，以适应未来的变化，公司制定了培训制度。

表 19-2 员工培训表

序号	培训对象	培训目的	培训规模与时间	培训内容
1	新员工	使新员工适应公司的发展	依招聘时间与人数而定	公司发展战略、概况、目标、文化、制度等；职业素养与态度；岗位技能
2	工作1~3年的有培养前途的20~30岁职员	培养可提拔的基层干部	约为各个部门该年龄段人数的30%培训，每年4次	特殊项目培训、《领导基础课程》、ERP课程教学
3	有潜在能力，公司绩效考核达A级的30~40岁员工	培养未来的可作为经理的人才	符合标准的所有职员	公司文化宗旨目标培训、管理技能培训、分析计划能力
4	普通在职员工	培养基本工作技能	各部门所有员工分批培训，每年2次	公司目标、职业素养、工作技能
5	高层领导培训	增强领导能力，创造更高的公司效益	所有高层领导，每年2次	领导的本质、领导力的培养、目标计划能力、沟通能力

员工晋升分为三种形式，一是定期晋升，公司每年根据公司的经营和员工的工作情况，在年底统一晋升员工。二是不定期晋升，在工作中，对公司有突出贡献的，随时予以晋升。三是试用期员工晋升，在试用期间，工作表现优秀者，由使用部门推荐，提前予以晋升。

晋升由各部门经理推荐并经人事部、副总经理、总经理签字审核方能生效。

第二节　人力资源管理

一、人员招聘及配置

为满足企业发展的人力资源需求，需充分激发和调动各类人才积极性，采取灵活多样的人才引进方式，保持人力资源新陈代谢的动态平衡，其中一条重要途径就是实施岗位招聘。招聘工作的开展将根据公司每年人力资源计划进行。

（1）招聘目标：通过系统化的招聘管理保证公司招聘工作的质量，为公司选拔合格、优秀的人才。

（2）招聘原则：公司招聘录用员工按照"公开、平等、竞争、择优"的原则。对公司内符合招聘职位要求及表现卓越的合适员工，将优先给予选拔、晋升。再考虑面向社会公开招聘。

（3）招聘渠道：主要包括内部招聘（内部晋升、调岗）和外部招聘（校园招聘、网络、报刊、人才交流会、人才中介等）。

1）内部招聘：公司的管理岗位的人员，主要方式是内部晋升。主要是出于以下几点考虑的：首先，本公司员工对公司的业务及流程比较熟悉，可以较快进入工作状态。其次，公司会在每位员工入职以后就帮助他们做好职业生涯的规划，通过内部招聘向内部员工提供晋升的渠道，帮助他们实现职业生涯的提升，同时可以激发他们的工作热情。

2）外部招聘：外部招聘主要通过网络进行，与当地人才网站和全国性人才网站建立合作关系，并且根据招聘计划的临时变更，及时与他们进行沟通，保证招聘工作的顺利进行。

招聘流程图如图19-1所示："阶梯式上升模式"。

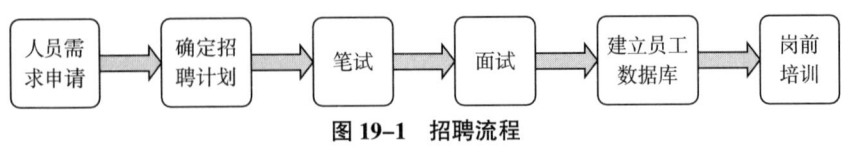

图19-1　招聘流程

第一步：人员需求申请。各部门在员工离职、工作规模扩增等情况下填写《人员需求申请单》，并由各部门经理审核签字后报到人力资源部。再经人力资源部决定是内部调整还是招聘新员工。

第二步：确定招聘计划。根据各部门所报的《人员需求申请单》进行合理的规划后，确定招聘人员及招聘人员的要求、薪资待遇。另外，根据招聘规模大小确定招聘方式，招聘方式有人才市场、学校招聘会、广告、网络招聘等。

第三步：笔试。根据应聘的不同岗位，由部门主管和人力资源总监一起出笔试题目。

第四步：面试。确定好面试的程序和组成人员，安排通过笔试的求职者进行面试。

第五步：建立员工数据库。签订《劳动合同法》，发放各种相关的公司工作物品，如办公用品、钥匙、饭卡等。

第六步：岗前培训。其内容包括：让新员工掌握干好本职工作所需要的方法和程序，使新员工不仅了解本职工作，而且了解企业、了解企业的价值观和发展目标；增加新员工对工作和企业的良好感觉，打消新员工对新的工作环境不切实际的期望；避免企业管理人员过多行使权威。

人员配置首要根据各部门上报的人员需求进行核查事实之后"按需分配"，并由人力资源部主要负责。

在职员工管理。人力资源部协助各部门负责人考察员工的工作业绩，对不适合本职位的进行及时合理的调整，对有危害公司的人予以警告批评或者开除等惩罚。另外，定期给员工安排培训或选取优秀人才外出学习，以增强公司竞争力和适应公司长远发展战略。员工服务部负责管理员工的投诉，收集整理并反馈员工的有效意见，对员工的权利进行保障。

离职员工管理。对于离职员工，由后勤部回收工作服等证件。工作一年以上的员工可获得宣传部制作的一份包括员工本人在内的纪念册，以公司、文化活动照片为主。

被辞退员工管理。根据被辞退员工的基本情况，给予一定的资金补贴。

二、薪酬、福利及人员保障

（一）薪酬体系

1. 薪资设计原则

（1）与公司发展战略相一致，促进公司可持续发展。

（2）员工收入与员工岗位责任、工作态度、劳动技能等综合考核结果相结合，薪酬分配以绩效考核为依据。

（3）总体薪酬水平与公司经济效益相结合，适当向经营风险大、责任大、贡献大的关键岗位倾斜。工资增长幅度不超过公司经济效益增长幅度，员工平均实际收入增幅不超过公司劳动生产率增长幅度。

（4）以岗定薪、岗变薪变。

2. 薪酬结构

由于不同岗位、不同职责的员工对公司的贡献不同，为了使薪酬体系起到应有的激励作用，将个人收入与绩效相挂钩进行一定的奖励，以保证员工工作的积极性和本行业的竞争力水平，公司根据岗位的不同实行差异化的薪资结构。

根据现行的各个企业的基本工资状况，科学地制定出员工的月薪标准，以求一方面能通过有竞争力的薪酬待遇吸引优秀人才，另一方面控制人力成本。可以根据本年度的线上线下活动的开展情况、盈利状况，适当为员工加薪。通过这样的薪酬计划，激励优秀人才，鼓励进步，营造积极进取的企业氛围。公司通过绩效管理的方式对员工进行考核，以月度和半年度为周期，在每个周期初始引导员工设定目标绩效指标，并在周期结束时对指标的完成情况进行考核，以掌握员工的工作状态，引导员工在技能上和职业素质上的提升。在公司创立初期，高层管理人员实行入股制；普通员工的薪酬包括基本工资、绩效奖励和福利三个部分；技术人员的薪酬包括基本工资、绩效工资、科研奖金、福利津贴四个部分。

（二）福利及保障

福利包括基本福利和特殊福利，保证普及每一位员工，并在实施中不断改进。除按照法律规定为员工提供"五险一金"的保障外，其他福利如下：

1. 生日计划

每个员工过生日实施方案：精美小礼品一件，领导签字贺卡一张，企业员工发短信祝福。

2. 员工父母关怀

（1）父母生日：员工父母生日短信祝福，蛋糕一个或者祝寿礼品，领导问候信。

（2）节假日祝福：短信问候，电话祝福，感恩节感恩活动，节假日礼品（中秋节、母亲节）。

（3）子女晋级祝福：如有员工晋级等发送短信祝福。

（4）年终礼品祝福：年终礼品一份。

3. 日常福利

（1）带薪假期：年假、婚嫁、探亲假、丧假、病假。

年假：凡是企业员工均享有 8~10 天的带薪年假。

婚嫁：如有要结婚的员工，确定结婚后继续来企业工作者，均有 5 天带薪婚假。

探亲假：凡公司员工均有每年一次探亲假机会（除年假外），每次探亲时间为 3 天，探亲假期间带薪。

丧假：企业员工如有亲人去世，每位员工均有 3 天带薪丧假。同时，公司会给该员工 200 元左右的抚恤金表示安慰。

病假：公司员工每年享受 3 天的带薪病假。

亲人慰问金：如有员工直系亲人生病或者发生意外事故，公司根据实际情况将给予员工亲属 200 元以内的慰问金。

（2）晋级升职：凡是晋级升职者都会获得公司全体领导的祝福与问候，同时全公司通报表扬。

（3）培训机会：凡是对企业做出杰出贡献者，根据实际需求可给企业员工提供一次外出深造培训的机会，具体培训由公司统一安排。

（4）体检：凡是公司员工，都必须体检合格后方可参加工作。公司给每位员工免费提供一次体检机会。

（5）日常健康保障：公司夏季会给所有员工免费提供一些防暑、防感冒药品，为公司员工身体健康做好提前预防措施。

所有关于员工的应得福利或奖励，将由员工服务部进行管理。该部门每月对员工的福利、奖励等进行抽查，一经发现有员工的权利被侵犯，立即进行合理维护。当员工的权利受到侵犯时，员工也可向该部门投诉。

三、绩效考核

为了调动公司员工的工作积极性，激发员工工作热情，提升工作业绩，增强公司竞争力，保证公司目标的顺利达成，特制定本绩效考核办法。

（一）考核对象

公司所有部门及员工（总经理除外）。

（二）考核内容和方式

（1）考核时间：每月 1~31 日。

（2）考核工资标准：将员工每月应发工资总额的 10% 作为绩效考核工资，根据当月工作绩效考核结果，确定绩效工资发放比例和具体金额。其中，年薪制员工考核工资标准为：年薪÷12×80%×10%。

（3）考核内容：员工本人当月工作完成情况及综合表现。

（4）考核方式：实行分级考核，由直接上级考核直接下级，并由分管领导最终评定。即：

1）公司总经理考核副总经理。

2）公司副总经理考核部门负责人及分管部门。

3）部门负责人考核部门所属员工，并由分管领导最终评定。

4）财务部门人员由集团公司财务审计部负责考核，公司提供相关参考依据。

(三) 考核结果及奖惩

1. 对员工的考核

(1) 考核结果。考核结果以分数确定，最终转换为 A、B、C、D 四个等级，以分管领导最终评定为准。各个等级对应分数及基本标准如下：

A 级：超额完成当月工作任务，综合表现突出，工作成绩优异；

B 级：全面完成当月工作任务，综合表现良好，工作成绩良好；

C 级：基本完成当月工作任务，综合表现合格，工作成绩一般，偶有工作失误；

D 级：未完成当月工作任务，综合表现一般，工作成绩较差或有重大工作失误。

表 19-3　考核结果评定表

最终考核分数	等级
98 分及以上	A
86~97 分	B
60~85 分	C
60 分以下	D

(2) 奖惩办法。当月考核结果直接与员工当月绩效工资的发放挂钩：

考核结果为 A 级：绩效工资 100%发放，并按本人当月考核工资标准的 10%另行发放奖励工资。当月绩效考核为 A 级的员工比例不超过公司员工总数的 10%，各部门原则上不超过 1 人。

考核结果为 B 级：绩效工资按 100%发放。

考核结果为 C 级：绩效工资按 60%发放。

考核结果为 D 级：不予发放绩效工资。

考核过程中，当月考核等级为 D 级的，留任原职查看；累计达到两次的，转为试用员工；累计达到三次的，给予解聘或辞退。年度 C 级考核结果累计达到或超过三次的，根据其实际工作情况，给予适当惩处。

此外，员工月度工作绩效考核结果，将作为年度优秀员工评选、年终考核和奖惩的重要参考依据。

2. 对部门的考核

（1）考核标准。对部门的考核标准主要由以下几个方面组成：部门工作完成情况（70%）、执行力（10%）、下属督导力（5%）、工作失误和安全事故（5%）、自律力（5%）、团队精神（5%）。

（2）考核办法。对部门的考核采用部门自评和分管领导考评的方式，以分管领导最终评定为准。

（3）考核结果和奖惩。年终，公司将根据各部门全年总体表现情况，评选优秀部门，并根据公司当年效益情况，给予部门适当奖励。

对于年终考评较差的部门，公司将根据实际情况，给予部门负责人降职、降薪或解聘处理。

（四）其他事项

（1）考核人员应坚持实事求是，客观公正地进行考核。被考核人认为考核结果严重不符合事实的，可以向人力资源管理部或有关领导提出申诉。经调查属实的，报公司领导同意后，可给予纠正，并对相关责任人进行处理。

（2）本办法经公司总经理批准后执行。

（3）本《办法》由人力资源管理部负责解释。

注：以上绩效考核制度应按照具体情况做适当调整。

第二十章 财务管理

第一节 财务数据

一、基础财务数据

表 20-1 固定资产折旧估算

单位：万元

序号	项目	摊销年限	折旧率	2016年	2017年	2018年	2019年	2020年
	电脑设备	10	0.1					
1	原值			27.00	48.87	59.62	64.39	70.00
2	折旧费			2.7	4.89	5.96	6.44	7.00
3	净值			24.30	43.98	53.66	57.95	63.00

注：1. 培训基地建立在南昌市人才大厦工作室，政府无偿提供厂房及内部办公设施。故无房屋建筑物等固定资产。

2. 固定资产从2016年开始投入，到2020年投入完毕。摊销方法是平均年限法，设备折旧年限为10年，折旧率为10%，无残值。

表 20-2 无形资产及长期待摊费用摊销估算

单位：万元

序号	项目	合计	摊销年限	2016年	2017年	2018年	2019年	2020年
1	递延资产原值	32.11	10.00					
1.1	摊销费			3.21	3.21	3.21	3.21	3.21

续表

序号	项目	合计	摊销年限	2016年	2017年	2018年	2019年	2020年
1.2	净值			28.90	25.69	22.48	19.27	16.06
2	视频版权原值	80	100	80	99.53	116.14	131.31	148.43
2.1	折旧费			0.80	1.00	1.16	1.31	1.48
2.2	净值			79.2	98.53	114.98	130.00	147.00
3	专利权	30.00	20.00					
3.1	摊销费			1.50	1.50	1.50	1.50	1.50
3.2	净值			28.50	27.00	25.50	24.00	22.50
4	无形资产合计	142.11		142.11	156.93	168.83	179.29	191.7
4.1	摊销费			5.51	5.71	5.87	6.02	6.19
4.2	净值合计			136.6	151.22	162.96	173.27	185.51

注：视频递延资产为开办费用。摊销年限为10年，无残值。

无形资产采用平均年限法摊销，包括视频版权和专利权。其中视频版权摊销年限为100年，折旧率为1%；公司的专利权摊销期限为20年，折旧率5%，无残值，包括耳机、教材，其中以brvp最为突出，形成公司独有特色。目前，专利权已有30万元。

表20-3 总成本费用估算

单位：万元

项目\年份	2016	2017	2018	2019	2020	合计	生产年平均
营业成本	52.85	20	35.59	31.71	57.9	198.05	39.61
管理费	325.66	395.57	544.06	619.28	775.7	2660.27	532.05
其中：工资及福利费	205.80	273.56	418.80	503.40	601.32	2002.88	400.58
水电费	2.47	2.96	3.56	4.27	5.12	18.38	3.68
修理费	0.85	1.02	1.22	1.47	1.76	6.33	1.27
折旧费	2.70	4.89	5.96	6.44	7.00	26.99	5.40
差旅费	1.20	1.49	1.85	2.29	7.84	14.66	2.93
其他	9.53	15.62	16.97	8.64	25.71	76.46	15.29
申请专利支出	1.40	0.00	0.50	0.30	0.20	2.40	0.48

续表

年份 项目	2016	2017	2018	2019	2020	合计	生产年平均
代扣代缴个人所得税	46.20	52.32	64.33	71.45	88.56	322.86	64.57
研发费	50.00	38.00	25.00	15.00	32.00	160.00	32.00
摊销费用	5.51	5.71	5.87	6.02	6.19	29.3	5.86
销售费用	3.84	25.34	27.40	30.33	44.40	131.31	26.26
其中：包装费	0.15	0.17	0.18	0.20	0.22	0.92	0.18
广告费	3.69	25.17	27.23	30.13	44.18	130.4	26.08
财务费用	60.00	74.95	74.13	87.81	107.81	404.7	80.94
总成本费用	442.35	515.86	681.18	769.13	985.81	3394.33	678.86
其中：固定成本	200.38	200.38	200.38	200.38	200.38	1001.90	200.38
可变成本	241.97	315.48	480.80	568.75	785.43	2392.43	478.48
经营成本	434.14	505.26	669.35	756.67	972.62	3338.04	667.6

注：1. 工资与福利费如前所述。
2. 财务费用指成员购买会员公司亏损的费用。
3. 经营成本指扣除了折旧费和摊销费以后的余额。

二、基础财务数据

表 20-4 销售收入与销售税金及附加估算

单位：万元

序号	年份 项目	2017	2018	2019	2020
	收入总额	780.00	1170.00	1521.00	1977.30
1	线上收入	400.00	588.00	805	1079.30
1.1	增值税	17.8	28.68	42.50	58.26
1.2	销项税	24.00	35.28	48.30	64.76
1.3	进项税	6.20	6.60	5.80	6.50
2	线下收入	350.00	550.00	680.00	860.00
2.1	营业税	10.50	16.5	20.4	25.8
3	VR设备收入	30	32	36	38
3.1	增值税	1.00	1.24	1.56	1.58

续表

序号	项目 \ 年份	2017	2018	2019	2020
3.2	销项税	5.10	5.44	6.12	6.46
3.3	进项税	4.10	4.2	4.56	4.88
4	城乡建设维护税	2.05	3.25	4.51	5.99
5	教育费附加	0.88	1.39	1.93	2.57

注：公司为电商企业，按照以前会计准则，线上远程培训收入按劳务收入的5%收取营业税，但从2016年执行"营改增"，不再征收营业税。增值税按销售收入的6%收取；线下培训取得的收入征收营业税，适用税率3%；培训过程中销售的学习设备取得的收入征收增值税，适用税率17%。

表 20-5 损益表

单位：万元

序号	项目 \ 年份	2016	2017	2018	2019	2020	合计	生产年平均
1	销售收入	520.00	780.00	1170.00	1521.00	1977.30	5968.30	1193.66
2	总成本费用	442.35	515.86	681.18	769.13	985.81	3394.33	678.86
3	销售税金及附加	7.74	22.70	19.27	23.15	27.92	100.78	20.16
4	利润总额	69.91	241.44	469.55	728.72	963.57	2473.19	494.64
5	所得税	17.48	60.36	117.39	182.18	240.89	618.30	123.66
6	净利润	52.43	181.08	352.16	546.54	722.68	1854.90	370.98
	累计净利润	52.43	233.51	585.68	1132.22	1854.90	3858.74	771.75
	利润分配—盈余公积	15.73	54.32	105.65	163.96	216.80	556.47	111.29
	未分配利润	36.70	126.76	246.52	382.58	505.87	1298.43	259.69

其中，2016年销售收入520万元，详情如表20-6所示。

表 20-6 2016年各类产品销售收入表

单位：万元

产品分类		线上		线下		合计
		月	年	月	年	
高考培训	声乐教学	10	40	16	48	114
	器乐教学	8	28	10	40	86
	音乐基础知识	6	15	15	20	56

续表

产品分类		线上		线下		合计
		月	年	月	年	
儿童启蒙艺术培训	少儿国学音乐	2.7	25	4	14	45.7
	声乐启蒙课程	5.6	28	4	18	55.6
兴趣课堂	BRVP流行演唱	9	20	8	12	49
	器乐演奏课程	5.7	36	9	38	88.7
学习配套设备	VR专用设备	25				25
合计						520

每年按照净利润的30%提取法定盈余公积，当达到注册资本时停止计提，即第五年后不再计提盈余公积金。

项目静态分析如表20-7、表20-8和表20-9所示。

表 20-7 现金流量表

单位：万元

序号	项目＼年份	2016	2017	2018	2019	2020
1	现金流入	520	780	1170	1521	1977.3
1.1	总收入	520	780	1170	1521	1977.3
1.2	回收流动资金	—	—	—	—	—
2	现金流出	534.62	636.96	861.81	1024.68	1293.66
2.1	固定资产投资	51.06	17.02	17.02	17.02	0.00
2.2	流动资金	24.20	31.62	38.78	45.66	52.23
2.3	经营成本	434.14	505.26	669.35	756.67	972.62
2.4	销售税金及附加	7.74	22.70	19.27	23.15	27.92
2.5	所得税	17.48	60.36	117.39	182.18	240.89
3	净现金流量	−14.62	143.04	308.19	496.32	683.64
4	累计净现金流量	−14.62	128.42	436.61	920.75	1604.39
5	所得税前现金流量	2.86	203.4	425.58	678.50	924.53

注：第一年企业净现金流量为−14.62万元，企业处于发展阶段，现金流量为负值是正常现象，以后逐年增加，说明盈利能力不断增强，可以预测日后趋于稳定，达到一个较高水平。

表 20-8 资金来源

单位：万元

序号	项目＼年份	2016	2017	2018	2019	2020
1	资金来源	678.12	276.48	505.56	765.08	983.33
1.1	利润总额	69.91	241.44	469.55	728.72	963.57
1.2	折旧费	2.70	4.89	5.96	6.44	7.00
1.3	摊销费	5.51	5.71	5.87	6.02	6.19
1.4	自有资金	240.00	24.44	24.18	23.90	6.57
1.5	风险投资	360.00	0.00	0.00	0.00	0.00
1.6	回收流动资金	—	—	—	—	—
2	资金运用	137.74	102.8	171.57	243.08	292.46
2.1	固定资产投资	51.06	17.02	17.02	17.02	0.00
2.2	VR设备投资	45.00	18.00	30.00	27.00	45.00
2.3	流动资金	24.20	7.42	7.16	6.88	6.57
2.4	所得税	17.48	60.36	117.39	182.18	240.89
3	盈余资金	540.38	173.60	333.99	532.00	390.87
4	累计盈余资金	540.38	713.98	1047.97	1579.97	1970.84

表 20-9 资产负债表

单位：万元

序号	项目＼年份	2016	2017	2018	2019	2020
1	资产	776.28	999.18	1366.59	1927.19	2347.35
1.1	流动资产总额	615.38	803.98	1149.97	1695.97	2398.84
1.1.1	现金	50.00	60.00	70.00	80.00	90.00
1.1.2	累计盈余资金	540.38	713.98	1047.97	1579.97	1970.84
1.1.3	存货	25	30	32	36	38
1.2	固定资产净值	24.30	43.98	53.66	57.95	63.00
1.3	无形及递延资产净值	136.6	151.22	162.96	173.27	185.51
2	负债及所有者权益	776.28	999.18	1366.59	1927.19	2647.35
2.1	流动负债总额	25.80	28.38	31.22	34.34	37.77
2.1.1	应付账款	25.80	28.38	31.22	34.34	37.77

续表

序号	项目＼年份	2016	2017	2018	2019	2020
2.2	所有者权益	750.48	970.8	1335.37	1892.85	2609.58
2.2.1	企业自筹资金	240.00	264.44	264.18	263.90	396.57
	实收资本	360.00	360.00	360.00	360.00	0.00
	累计净利润	52.43	233.51	585.68	1132.22	1854.90
	盈余公积	98.05	112.85	125.51	136.73	358.11

第二节　财务指标分析

一、财务净现值、内部报酬率与投资回收期分析

（一）净现值（NPV）

表20-10　2015~2020年营业现金净流量表

单位：万元

年份	2015	2016	2017	2018	2019	2020
原始投资额营业现金净流量	−600	−14.62	143.04	308.19	496.32	683.64

$NPV = \sum_{t=1}^{n}(CI-CO)t(1+i)-t$。按照20%的折现率计算净现值，NPV=230.50万元，远大于0。由NPV数据可得，在5年计算期内，本公司的盈利可观，投资者可得到非常高的回报，说明该项目具有可投资性。

内部报酬率：$NPV(IRR) = \sum_{t=1}(CI-CO)t(1+i)-t=0$。根据投资额、各年现金流量净额，用插值法计算出内部报酬率IRR=34.48%，大于投资成本20%，

说明该项目具有较高的资本回报。

(二) 盈利能力分析

1. 销售毛利率

表 20-11　2016~2020 年销售毛利率

单位：万元，%

年份 项目	2016	2017	2018	2019	2020
主营业务收入- 主营业务成本	161.54	312.07	544.84	802.27	1148.88
主营业务收入	520.00	780.00	1170.00	1521.00	1977.30
销售毛利率	31.07	40.01	46.57	52.75	58.10

销售毛利率=（主营业务收入-主营业务成本）÷主营业务收入×100%。根据以上数据可以看出，公司销售毛利率逐年上升，反映企业生产成本较低，产品附加值高，市场需求旺盛。公司具有较强的销售获利能力。为企业管理成本提供空间，尤其是能够很好地消化融资成本，能够抵补各项支出。

2. 销售净利率

表 20-12　2016~2020 年销售净利率

单位：万元，%

年份 项目	2016	2017	2018	2019	2020
税后净利润	52.43	181.08	352.16	546.54	722.68
主营业务收入	520.00	780.00	1170.00	1521.00	1977.30
净利率	10.08	23.22	30.10	35.93	36.55

税后净利率=销售净利润/主营业务收入×100%。

3. 总资产报酬率

表 20-13 2016~2020 年总资产报酬率

单位：万元，%

年份	2016	2017	2018	2019	2020
税后净利润	52.43	181.08	352.16	546.54	722.68
总资产	619.29	827.39	1182.14	1731.51	2140.30
总资产报酬率	6.75	18.12	25.77	28.36	30.79

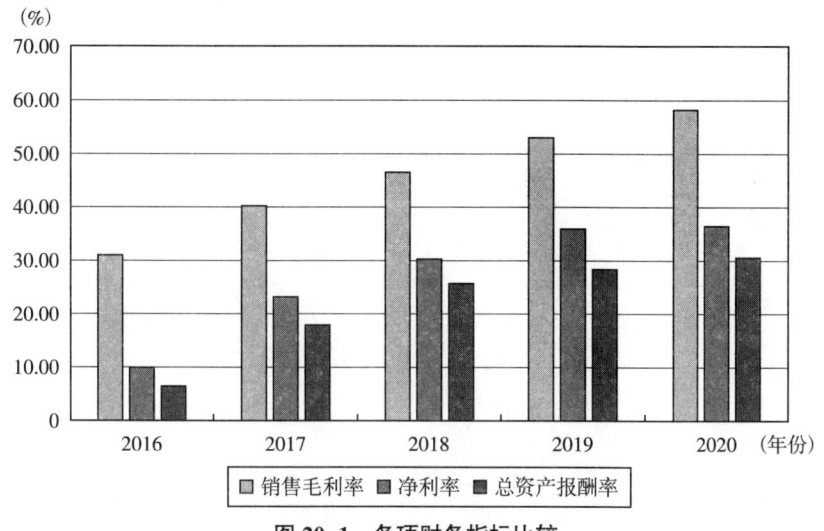

图 20-1 各项财务指标比较

二、不确定性分析

在对公司未来发展状况进行评价时，所采用的数据自 2016 年起大多来自预测和估算。因信息和资料的有限性及未来市场的不确定性，将来的实际情况可能与估算结果有较大出入，所以以上评价结果具有不确定性，这将使投资者的投资决策存在较大风险。为尽量降低风险，应分析不确定因素对各项财务指标的影响，以确定指标的可靠性和投资计划的可行性。

通过对公司进行盈亏平衡分析，可确定公司对该项目要求的最低销售水平，公司商品盈亏平衡点的销售量如表 20-14 所示。

表 20-14　2016~2020 年盈亏平衡表

单位：万元，%

项目\年份	2016	2017	2018	2019	2020
销售收入	520.00	780.00	1170.00	1521.00	1977.30
固定成本	200.38	200.38	200.38	200.38	200.38
可变成本	241.97	315.48	480.80	568.75	785.43
贡献毛利率	53.47	58.55	58.91	62.61	60.28
盈亏平衡点销售额	374.75	342.23	340.15	320.04	322.42

其中：贡献毛利率=（销售收入–可变成本）/销售收入；

盈亏平衡点销售额=固定成本/贡献毛利率；

综合表中数据分析可知，公司销售额早已超过盈亏平衡点销售额，故公司处于盈利阶段，前景看好。

第三节　投融资分析

VR 艺培达人公司于 2016 年初开始筹建，建立初期共投入资金 320 万元，主要用于固定资产购置（70 万元）、VR 设备购置（40 万元）、教学视频制作费（80 万元）、项目开办费（32.11 万元）、水电费（3.5 万元）、装修费（84.39 万元）和周转资金等。公司计划从 2018 年开始，往后 3 年每年分别投入资金 71.59 万元、72.75 万元、56.8 万元，用于拓展业务，扩大公司规模，实现至 2020 年底净利润 677.68 万元的目标。具体如表 20-15 所示。

表 20-15　2016~2020 年投资计划与资金筹措

单位：万元

项目\年份	合计	2016	2017	2018	2019	2020
项目投资总额	679.09	600.00	24.44	24.18	23.90	6.57
其中：已完成投资						

续表

项目\年份	合计	2016	2017	2018	2019	2020
新增投资总额	679.09	600.00	24.44	24.18	23.90	6.57
固定资产投资	102.11	51.06	17.02	17.02	17.02	0.00
其中：已完成投资		51.06	17.02	17.02	17.02	
新增固定资产投资	102.11	51.06	17.02	17.02	17.02	0.00
流动资金	576.98	548.95	7.42	7.16	6.88	6.57
其中：现有流动资金		524.75				
新增流动资金	52.23	24.20	7.42	7.16	6.88	6.57
资金筹措	679.08	600.00	24.44	24.18	23.90	6.57
其中：已完成资金额		524.75				
企业自筹资金	319.08	240.00	24.44	24.18	23.90	6.57
其中：已完成资金额						
新增资金额	240.00	240.00				
吸收风险投资	360.00	360.00				

注：企业自筹资金来源于各合伙人自由资本，从2017年开始，分为两部分投入：一部分是固定资产的投入，另一部分是流动资金的增加额。

1. 资金来源及结构

公司建立初期共筹得资金600万元，其中240万元为合伙人自筹，占40%；另360万元为风险投资，占60%。风险投资将于第五年末退出。如图20-2所示。

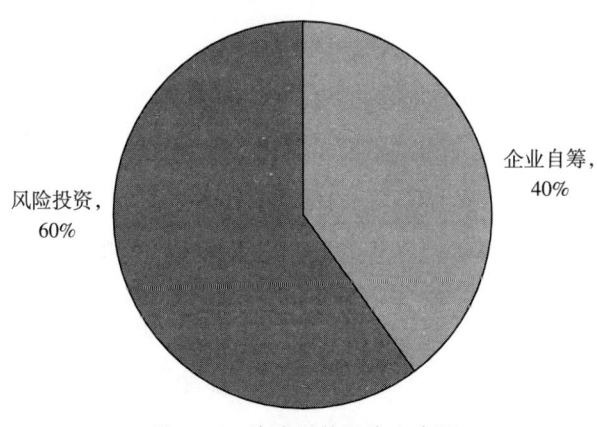

图20-2 资本结构及资金来源

2. 资金运用

公司建立初期所筹资金全部用于公司的建设与运营，主要包括构建设备，包括钢琴、古筝、吉他等器具以及 VR 设备费等；还包括房屋装修费。资金运用具体情况如表 20-16、表 20-17 和表 20-18 所示。

表 20-16 资金运用情况

单位：万元，%

年份	项目额度	购置固定资产	VR 设备	教学视频制作费	项目开办费	水电费	装修费	合计
2016	金额	70	40	80	32.11	3.5	84.39	310
	比率	22.58	12.9	25.81	10.36	1.13	27.22	100

表 20-17 固定资产及其他费用投资估算

单位：万元

序号	费用名称	购置费用	其他费用	合计
1	固定资产购置费	70		70
1.1	电脑及其他设备	54		
1.2	VR 设备（教学用）	8		
1.3	桌椅费	8		
2	VR 设备（学生用）		40	20
3	研发及中试费			93.51
3.1	调研费		2.45	
3.2	教学视频制作费		80	
3.3	管理费及员工工资		9.66	
3.4	申请国家专利		1.40	
4	市场推广费		10	10
5	基本报备费		5	5
合计		70	128.51	198.51

注：公司厂房为政府资助，需要企业购置的仅限于器具与电脑等办公设备。

公司职工税前年工资总额=（5×8000+15×6000+20×3000）×12=252（万元），根据个人所得税税率表加计扣除得到税后工资总额为 205.8 万元。

表 20-18 资产及材料明细

单价：万元

设备名称	数量	单价	总价
电脑	54	0.5	27
VR 设备	40	2000	8
办公桌、椅子			8
其中：办公用	80	0.05	
教学用	200	0.02	
各类乐器		0.05	10
打印机、复印机	4	0.5	2
电风扇	120	0.05	6
空调	30	0.3	9
总计			70

第四节　经济效益分析

一、财务预算假设

（1）线上取得收入属于广播影视服务类收入，缴纳增值税，税率为 6%；线下取得收入属于文化体育业收入，缴纳营业税，税率为 3%。城建税税率为 7%，教育费附加税率为 3%，企业所得税税率为 25%。

（2）固定资产折旧采用平均年限法、无形资产摊销采用直线法。

（3）利润先用于弥补上期亏损，再缴企业所得税。

（4）员工福利：养老金保险为工资基数的 10%，医疗保险金为工资基数的 10%，失业保险金为工资基数的 2%，工伤保险金为工资基数的 0.4%，住房公积金为工资基数的 8%，四险一金合计为工资基数的 30.4%。

（5）企业所得税以年为单位缴纳，每年清缴。

(6) 公司基准折现率为20%。

二、项目运营成本及商品成本

公司项目运营成本主要包括支付给传媒公司的教学视频制作费、广告宣传费和职工工资及福利费；商品成本主要包括商品的采购成本。具体构成如表20-19所示。

表 20-19 项目运营成本及商品成本费用

单位：万元

年份	成本合计	项目运营成本		
		教学视频制作费	广告费	工资及福利费
2016	289.49	80	3.69	205.8
2017	319.06	20.33	25.17	273.56
2018	463.64	17.61	27.23	418.8
2019	549.86	16.33	30.13	503.4
2020	663.93	18.43	44.18	601.32

三、商品定价

表 5-20 商品定价

单位：元

产品分类		线上		线下	
		月	年	月	年
高考培训	声乐教学	500	4000	800	6000
	器乐教学	800	3500	1000	8000
	音乐基础知识	400	3000	500	4000
儿童启蒙艺术培训	少儿国学音乐	180	2500	200	2800
	声乐启蒙课程	350	2800	400	3000
兴趣课堂	BRVP流行演唱	360	3000	400	3000
	器乐演奏课程	380	3600	450	3800
学习配套设备	VR专用设备	2000元/部			

四、资金需求与应用

流动资金投资如表 20-21 所示。

表 20-21　流动资金估算

单位：万元

序号	项目	最低周转天数	周转次数	2016 年	2017 年	2018 年	2019 年	2020 年
1	流动资金			50.00	60.00	70.00	80.00	90.00
1.1	现金	8	45	50.00	60.00	70.00	80.00	90.00
2	流动负债			25.80	28.38	31.22	34.34	37.77
2.1	应付账款	30	12	25.80	28.38	31.22	34.34	37.77
3	流动资金			24.20	31.62	38.78	45.66	52.23
4	新增流动资金			24.20	7.42	7.16	6.88	6.57

流动资金=流动资产−流动负债。

第二十一章 风险预测及退出

第一节 风险预测及应对策略

本公司是一家定位为"线上网络平台建设+线下实体文化艺术"的企业,专注于艺术领域,市场前景广阔,发展空间巨大。然而,机遇总是与风险并存,本公司的服务以及公司发展面临很多风险。通过对宏观环境、行业环境和公司内部三个方面进行审慎的分析,对VR艺培达人公司未来可能面临的风险进行合理评估。在识别了这些风险之后,我们针对性地提出了防范和应对措施,在企业内部建立一套行之有效的风险监控预警机制(见图21-1),强化企业的风险应对能力,使企业在瞬息万变的商业竞争中不断前进。

一、宏观环境

(一)政策风险

国家宏观经济政策、政治政策、产业政策、知识产权保护政策等的变动以及各地区相关政策的变动会直接影响企业融资、服务推广、技术保密与发展、人员招聘等方面,政策风险是指完全或部分由政府官员行使权力和政府组织的行为而产生的不确定性,政府的不作为或直接干预也可能产生政策风险。

应对策略:①进行规划和调查。②为政策风险"投保"。③企业通过与职工建立良好关系的方式来创建友好的投资环境。④在劳动合同中套用仲裁机构的辞

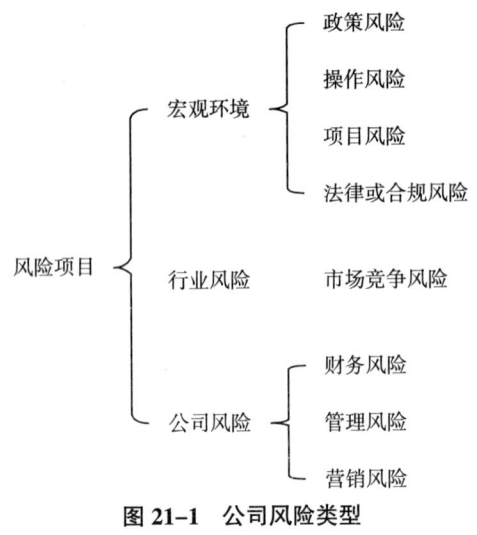

图 21-1 公司风险类型

令，用以解决劳资纠纷。

(二) 操作风险

操作风险是指企业在进行基本操作时经受的风险，与企业的运作紧密关联。企业面临的主要风险是在执行明确的工作时，采取错误的步骤。

应对策略：①设立流程、程序和政策。②在公司内实施正式的内部控制系统。③警惕错误和欺诈。④对雇员进行培训和管理。⑤对技术和系统进行管理。⑥合理确定外包安排。

(三) 项目风险

项目风险的源头：①组织本身。②对客户需要与项目要求的管理不善。③计划和控制不足。

应对策略：由于企业面临风险的一大部分与机构的问题有关，因此，管理层应当将注意力放在识别这些问题并制定策略加以处理上。可用的办法有：①矩阵管理下的团队建设。②设立强大的变动控制程序。③遵循良好的计划和控制原则。

(四) 法律或合规风险

法律或合规性风险是指可能为给定行业、国家或投资类型颁布法律，以改变和影响企业运营方式以及计划开展的投资或持续投资的可行性。

应对策略：本公司属于大型企业，拥有适当的资源来建立永久的监管小组，或向专门研究监管风险的公司进行咨询。

二、行业风险

艺术市场复杂多变、影响因素多，且当前又处于需求快速增长和技术转型的时期，所以市场的变数很大，对于公司来说有很多不确定的风险因素。为此将引入先进的管理思想和信息技术，改进从招聘专家到线上线下宣传再到销售服务的管理手段，建立现代化的企业生产经营管理信息系统。同时将设立市场调研部，随时关注市场的动态，并分析市场发展方向，做到及时跟踪市场、了解市场，以便于在风险发生之前及时调整策略，把损失或风险降到最低。

三、公司风险

（一）财务风险

财务风险是指公司财务结构不合理、融资不当使公司可能丧失偿债能力而导致投资者预期收益下降的风险。财务运作良好是公司成功的必要环节，将建立专门的管理部门及聘用高级财务管理人才，来全力避免财务运作造成的风险。财务风险作为一种信号，能够全面综合地反映企业的经营状况，要求企业经营者进行经常性财务分析，防范财务危机，建立预警分析指标体系，进行适当的财务风险决策。

产生财务危机的根本原因是财务风险处理不当。财务风险是现代企业面对市场竞争的必然产物，尤其是在我国市场经济发育不健全的条件下更是不可避免。因此，加强企业财务风险管理，建立和完善财务预警系统尤其必要。

应对策略：①建立短期财务预警系统，编制现金流量预算。由于公司理财的对象是现金及流动现金，就短期而言，公司能否维持下去，并不完全取决于是否盈利，而取决于是否有足够现金用于各种支出。预警的前提是公司有利润，在经营稳定的情况下，经营活动产生的现金流量净额一般应大于净利润才行。为能准确编制现金流量预算，将各具体目标加以汇总，并将预期未来收益、现金流量、财务状况及投资计划等，以数量化形式加以表达，建立公司全面预算，预测未来现金收支的状况，以周、月、季、半年及一年为期，建立滚动式现金流量预算。②确立财务分析指标体系，建立长期财务预警系统。在建立短期财务预警系统的同时，还会建立长期财务预警系统，重视获利能力、偿债能力、经济效率、发展潜力等指标，为适应未预料的需要和机会，采取有效措施，改变现金流的流量与时间的能力，也就是所谓的财务弹性。

(二) 管理风险

管理风险一直是创业最难规避的风险之一，缺乏企业管理的各项经验往往是创业公司中途夭折的重要原因。所以聘用专业的管理人员或顾问公司参与到公司的管理中来，建立适应市场经济需要的企业管理体制和经营机制，以实现管理风险的最小化。另外，公司还制定了一系列不同政策对待企业各层次人员。

对行政管理及培训专家教师等人员，采用绩效考核，用硬指标和软指标考核其横向协调服务和上级布置工作目标达成情况。在绩效考核中，人力资源处定期组织评审小组，依据本人绩效完成情况和横向部门意见，向公司管理层提出建议：或晋升或调岗或淘汰，尽量依据其个人特点在最合适的岗位发挥最大效能。

对维修技术人员，人力资源处组织评审小组，通过考评维修技术、服务水平、工作态度等，实施维修等级制，设计不同薪酬，定期考评或晋升或降档，努力保持一种动态的良性互动机制。

对科技人员实行项目薪酬制，形成了"定项目、定要求、定人员、定验收、定奖励"的创新机制。

(三) 营销风险

公司对艺术培训行业运作规则不了解，应变能力不足；服务策略、价格策略、渠道策略以及促销策略失误导致销售额难以提高、成本升高，企业经营陷于困境。

应对策略：①严格采取市场导向策略，在市场拓展上走稳健路线。②丰富产品组合，满足市场需求。③凸显企业品牌，提供针对性更强的服务。④打好政府关系牌，避免可能由此带来的隐形风险。

第二节　风险退出机制

公司风险资金退出方式的选择应根据公司的业绩和发展前景而定，风险资本能否以最佳方式顺利退出，关系到公司和投资人的切身利益。

一、四种风险退出方式的分析比较

风险资金退出的成功与否关键取决于公司的业绩和发展前景，风险资本的顺利退出是本公司和风险投资人非常重视的问题。通常风险退出方式主要有以下四种。

（一）首次公开发行股票（IPO）

IPO 退出是指风险投资者通过风险企业股份公开上市，将所持有的风险企业股份变成可流动的股票，在证券市场上变现，从而实现风险资本从风险企业退出。对于风险投资，首次公开发行股票是最佳退出方式。通过 IPO 可以保持创业公司的独立性和管理层的稳定性；IPO 成功，说明了金融市场和投资者对该公司创业成功的一种确认。

首次公开上市退出方式的特点：

（1）对企业而言，IPO 是金融市场对该企业发展的一种确认，有助于提高企业的知名度，树立企业形象，开拓在证券市场上持续的融资渠道，而且这种方式还保持了本企业的独立性。

（2）对于风险资本家来说，风险资本家持有的不可流通的股份转变为上市公司股票，获得了盈利性和流动性，而且这种方式的收益性普遍较高。

（3）企业发行股票的退出机制在资本的供给者和使用者之间建立了一种对未来企业控制权的隐形合同。这种隐形合同对处理高风险条件下委托人与代理人之间的利益冲突是有效的。

首次公开发行股票的局限性：上市成本很高，具体表现为以下三个方面：一是由于IPO的条件很严格，因此上市耗费时间长，不但有可能影响公司的正常运作，还有可能因为资金占用时间过长而丧失其他的投资机会，导致机会成本加大；二是上市的费用十分昂贵，发行企业要负担数额较大的承销费用（一般为所获投资总额的5%~10%）以及昂贵的上市交易额，即使是在费用比主板要低的二板市场上，尤其对市场前景不是很明朗的本企业来说，会明显地加大公司的财务负担；三是进行IPO上市后，本企业的公众监督更广泛，信息披露要求更充分，公司必须更加规范地运作，实际上失去了公司部分控制权和灵活性，也可能增加运作成本。

实现IPO的前提条件是具有适合本企业上市并且股权变现流通性很强的证券市场。①主板市场门槛过高，在连续经营历史、净资产、利润额等方面均难以达到要求。②它们是在一些新的领域内发展，本身失败的可能性较大。③风险资本家为了尽快建立自己的市场信誉，具有过早把企业推向市场的倾向，这也使得证券市场所承受的风险增大。因此，风险投资通过主板市场推出的可能性不大。

（二）股份出售

股份出售退出方式的特点：

（1）对于风险投资家来说，出售本企业的股份可以立即收回现金或可流通证券，可使风险资本一次性完全退出，风险很小或几乎没有。

（2）对于企业来说，可通过充分利用打公司的雄厚资金来增强自己的研发能力，提升核心竞争力。

（3）因为面临的谈判对手只是少数几个买方，而不是整个市场，因此出售的操作相对IPO简单、费用低、花费时间少、资本变现快速。

（4）适用于各类型和规模的公司，对于一些小公司来说，可能是唯一可行的选择。

出售方式也表现出以下两大缺陷：

（1）公司管理层并不欢迎这种收购方式，因为企业一旦被大公司收购后就不易保持其独立性。

（2）由于收购方太少，信息不对称等因素，它常常难以找到买方，价格也不尽合理，收益率与公开上市相比明显偏低，只有IPO的1/5~1/4。

股份出售的支付形式：

（1）固定比率股票交换。即收购公司可以用固定比例的本公司普通股票去交换卖方的股票。

（2）固定的现金价值。即在预先的谈判中商定好交易的现金价格，或者商定好基于财务报告收入的现金价格。

（三）股份回购

回购退出是指风险企业以现金或可流通证券的形式购回风险投资公司手中的股份使风险资本退出的方式。

回购的类型：一是本企业用本企业的现金或票据回购股权；二是员工收购；三是管理层收购。

股份回购退出方式的优势：

（1）回购只涉及本企业与风险投资方两方面的当事人，产权关系明晰，操作简便易行。

（2）回购受到的管制少，创业资本撤离速度快。

（3）回购可以使本企业的外部股权全部内部化，企业的独立性不受影响。

（4）股份回购还可以作为风险投资公司回避风险的一种工具。

股份回购的缺点：对回购来说，如果企业创始人利用其他资产（如其他公司股票、土地、房产等）和一定利息的长期应付票据支付回购，会涉及变现及风险问题。股权回购对风险投资的经营状况要求相当高，所以实现的收益也远不及IPO。

（四）清算

对风险投资者来说，当确认本公司失去了发展的可能或成长太慢，不能给予预期的高回报时，可以果断地提出退出，甚至要求公司进行破产清算，以降低损失。

企业清算方式如下：

（1）解散清算是当本企业发展缓慢，不能取得预期的投资回报时，由风险投资机构提出，征得本企业其他股东同意后，本企业即可宣告解散并进入清算程序。

（2）自然清算是当本企业出现偿还债危机时，在与债权人达成协议的基础上进行的清算。

（3）破产清算是当本企业的财务状况极度恶化时，依法申请破产后进行的清算。

这三种清算方式所遭受的损失逐个加重，因此，应在最佳时机采取最果断的措施。

二、风险投资退出方式的比较

（1）从投资收益方面看，首次公开上市的投资收益最高，并购、回购次之，清算最低甚至是负数。

（2）从选择的比例来看，首次公开上市退出是最佳退出方式，但由于多方面的原因在实践中并不是采用最多的退出方式。事实上出售一直占比较大，并购也开始崭露头角。

（3）从时间和费用来看，IPO时间周期最长，费用最为昂贵。并购、回购费用低廉，手续简便，时间也较短，能尽快收回投资，实现效益。

（4）从转让对象来看，IPO是面向广大社会公众，并购主要面向一些大的公司和其他风投公司，回购面向风险企业、风险企业的管理层。

三、风险投资退出时机的选择

（一）根据本企业生命周期选择退出时机

在本企业生命周期的种子期、创建期、成长期、成熟期四个阶段中，第四阶段即成熟期前后是推出的最佳时机。风险投资退出的最晚时机应是企业成熟期的初期，一般在成长期的末期考虑退出问题。

（二）根据本企业的现实业绩选择退出时机

项目盈利能力是影响退出时机的一个直接因素。对于情况一般的项目，可以选择在成长中期开始转让产权，退出本企业；对于成功项目，风险投资公司通常在成熟期的早期转让手中的股票，以获取最大收益并及时退出。

本企业股权增值状况也是决定风险投资项目退出时机选择的重要因素。一旦确认继续持有本企业股权的边际成本大于预期的边际收益,创业资本家就要着手实施风险投资项目退出。

(三) **根据投资机构的资金实力选择退出时机**

中小规模的风险投资机构,在投资过程中主要起引导作用。它们没有必要坚持到企业成熟期才退出,在企业成长期就应该考虑退出。而对于规模较大的风险投资机构来说,一旦高新技术企业发展到成熟期,其收益回报就由超额利润转变为常规利润,这类风险投资机构此时便可以考虑退出。

综上所述,四种风险退出方式都有可能被公司采用。若公司发展壮大到一定程度后,成功上市,那么"公开上市"是公司的最佳退出方式;股权回购和并购中的杠杆式收购和管理层收购也均可采用;第四种以破产清算的方式退出虽然是企业建设者和经营者都不愿意选择的,但是,这是在企业经营状况恶化的情况下必须断然采用的止损措施。因此,选择退出方式时,要根据公司的发展状况和时机而定,采取最有利的风险退出机制。

参考文献

[1] 安宁，王宏起.创业者先前经验，学习模式与新技术企业绩效——基于初始条件视角的实证研究[J].商业经济与管理，2011（9）：34-42.

[2] 边燕杰，丘海雄.企业的社会资本及其功效[J].中国社会科学，2000（2）.

[3] 曹明.基于GEM模型中的中日创业环境比较研究[J].厦门理工学院学报，2007（6）：68-72.

[4] 陈传明，周小虎.关于社会资本的思考[J].南京社会科学，2001（11）：99-103.

[5] 陈文华.基于商业模式创新的农业产业创业案例研究——以江西省两个省级农业产业化龙头企业为例[A].民革中央、江苏省人民政府."培育创业人才，推进现代农业"研讨会论文集[C].民革中央、江苏省人民政府，2011.

[6] 陈文婷.创业学习与家族企业跨代企业家的创业选择[J].经济管理，2011（8）：38-50.

[7] 陈昕.创业者人力资本与社会资本对小微企业创业绩效影响研究[D].山东大学硕士学位论文，2010.

[8] 陈昀，贺远琼.创业认知研究现状探析与未来展望[J].外国经济与管理，2012（12）：12-19.

[9] 陈忠卫，唐根丽，钱丽.安徽省城市创业环境评价及其优化政策设计——基于GEM框架的实证研究[J].华东经济管理，2009（2）：9-14.

[10] 池仁勇.美日创业环境比较研究[J].外国经济与管理，2002（9）：

13-19.

[11] 党蓁. 政府扶持型创业体系及政策研究 [D]. 武汉：华中科技大学博士学位论文，2011.

[12] 丁明磊，刘秉镰. 创业研究：从特质观到认知观的理论溯源与研究方向 [J]. 现代管理科学，2009（8）：20-22.

[13] 窦军生. 家族企业代际传承中企业家默会知识和关系网络的传承机理研究 [D]. 浙江大学博士学位论文，2008.

[14] 段利民，王林雪. 基于模糊评价方法的技术创业环境评价研究——以西安市为例 [J]. 科技与管理，2010（2）：60-63.

[15] 樊少华. 基于前景理论的创业决策模型研究 [D]. 吉林大学硕士学位论文，2007.

[16] 房路生，王正斌，顾颖. 社会资本对小微企业创业绩效内在机理影响 [J]. 企业研究，2010，8（16）.

[17] 高建，程源，李习保，姜彦福. 全球创业观察中国报告（2007）——创业转型与就业效应 [M]. 北京：清华大学出版社，2006.

[18] 工商总局2016年第一季度数据发布会 [EB/OL]. http: //www.saic.gov.cn.

[19] 关小燕. 创业教育在中国省区的本土化探索 [J]. 江西教研，2005（9）：3-6.

[20] 郭超. 子承父业还是开拓新机——二代接班者价值观偏离与家族企业转型创业 [J]. 中山大学学报（社会科学版），2013（2）：189-198.

[21] 郭群成. 返乡农民工创业行为研究 [D]. 西北农林科技大学博士学位论文，2011.

[22] 郭元源，陈瑶瑶，池仁勇. 城市创业环境评价方法研究及实证 [J]. 科技进步与对策，2006，23（2）：141-145.

[23] 何轩，陈文婷，檀宏斌. 家族企业准接班人的创业精神传承：以高校在读家族企业后代为样本的探索性实证研究 [J]. 管理评论，2011（9）：58-67.

[24] 胡桂兰. 创业团队异质性对创业决策的影响研究 [D]. 江苏大学硕士学位论文，2013.

[25] 胡望斌, 张玉利, 牛芳. 我国新企业创业导向, 动态能力与企业成长关系实证研究 [J]. 中国软科学, 2009 (4): 97-115.

[26] 惠朝旭. 社会资本: 基于经济社会学基础上的解释范式 [J]. 理论与改革, 2004 (3): 117-120.

[27] 江虹, 朱涵. 论省级区域创业环境评价指标体系的构建及其评估——以江苏省各市为例 [J]. 生产力研究, 2007 (24): 54-56.

[28] 蒋剑勇, 钱文荣, 郭红东. 社会网络、先前经验与农民创业决策 [J]. 农业技术经济, 2014 (2): 17-25.

[29] 金艳红. 中外对比分析如何有效完善我国创业环境 [J]. 科技信息, 2009 (32): 54.

[30] 乐国林, 张玉利, 毛淑珍. 社会资本结构演变与我国家族企业发展演化 [J]. 当代财经, 2006 (3).

[31] 李国军. 创业环境评价及区域比较 [J]. 云南行政学院学报, 2009 (2): 173-176.

[32] 李娇萍, 万生更, 万生新. 基于 GEM 的陕西省创业环境评价指标体系研究 [J]. 社会纵横, 2012 (2): 22-25.

[33] 李路路. 社会资本与私益创业者 [J]. 社会学研究, 1995 (12): 46-58.

[34] 李霞, 盛怡, 毛雪莲. 社会资本对企业创业导向和小微企业创业绩效的中介效应 [J]. 经营管理, 2007 (6).

[35] 李肖鸣. 大学生创业精神导论 [M]. 北京: 清华大学出版社, 2011.

[36] 李新春, 厂宋宇, 蒋年云. 高科技创业的地区差异 [J]. 中国社会科学, 2004 (3): 17-23.

[37] 李新春, 韩剑, 李炜文. 传承还是另创领地? ——家族企业二代继承的权威合法性建构 [J]. 管理世界, 2015 (6): 110-124, 187-188.

[38] 李新春, 何轩, 陈文婷. 战略创业与家族企业创业精神的传承——基于百年老字号李锦记的案例研究 [J]. 北京: 管理世界, 2008 (10).

[39] 李新春, 苏琦, 董文卓. 公司治理与企业家精神 [J]. 经济研究, 2006 (2): 57-68.

［40］李雪灵，万妮娜.基于 Timmons 创业要素模型的创业经验作用研究［J］.管理世界，2009（8）：182-183.

［41］李雪灵，姚一玮，王利军.新企业创业导向与创新绩效关系研究：积极型市场导向的中介作用［J］.中国工业经济，2010（6）.

［42］李锺文，威廉·米勒.硅谷优势——创新与创业精神的栖息地［M］.北京：人民出版社，2001.

［43］李子彬.中国中小企业 2011 蓝皮书——促进中小企业自主创新的政策和机制［M］.北京：中国发展出版社，2011.

［44］李作战.企业社会资本、创业导向和小微企业创业绩效关系研究——基于科技型中小企业的创业［M］.北京：中国社会科学出版社，2011.

［45］刘冰.经济新常态与经济增长的新变化［J］.宏观经济，2015（1）：31-32，40.

［46］刘冬平.基于 GEM 框架的黑龙江省县域中小企业创业环境评价研究［D］.哈尔滨工程大学硕士学位论文，2012.

［47］刘林平.企业的社会资本：概念反思和测量途径——兼评边燕杰、丘海雄的《企业的社会资本及其功效》［J］.社会学研究，2006（2）：203-206.

［48］刘兴国，沈志渔，周小虎.社会资本对我国民营企业创业行为的影响［J］.经济管理，2009（6）：41-46.

［49］罗新阳.农村创业环境评估体系研究［J］.兵团党校学报，2009（2）：66-69，78.

［50］马丽媛.企业家社会资本的测量及其对企业绩效的影响——基于新兴第三产业上市公司的实证研究［J］.南方经济，2010（5）.

［51］马永春.基于 GEM 框架下的河南省创业环境研究［J］.中小企业管理与科技（上旬刊），2011（1）：119.

［52］倪锋，胡晓娥.基于认知的创业能力发展理论模型初探［J］.企业经济，2007（10）：36-38.

［53］宁亮.促进创业活动的政府行为研究［M］.南昌：江西人民出版社，2009.

[54] 彭正龙，姜卫韬. 社会资本：概念、影响机制及其研究新方向 [J]. 经济管理，2008（5）.

[55] 祁伟宏，张秀娥，李泽卉. 创业者经验对创业机会识别影响模型构建 [J]. 科技进步与对策：2017（2）.

[56] 秦双全，李苏南. 创业经验与创业能力的关系——学习能力与网络技术的作用 [J]. 技术经济，2015（6）：48-54.

[57] 秦志华，赵婧，胡浪. 创业决策机理研究：影响因素与作用方式 [J]. 经济理论与经济管理，2015（3）：94-102.

[58] 清华大学中国创业研究中心. 中国创业活动评述——全球创业观察中国报告 [R]. 2010.

[59] 清华大学中国创业研究中心. 中国创业活动评述——全球创业观察中国报告 [R]. 2003.

[60] 屈丽丽. "创二代"的传承与创新 [N]. 中国经营报，2012-08-06 (C04).

[61] 沈超红，罗亮. 创业成功关键因素与小微企业创业绩效指标研究 [J]. 中南大学学报（社会科学版），2006（2）：231-235.

[62] 石印秀. 中国创业者成功的社会网络基础 [J]. 管理世界，1998（6）.

[63] 苏晓华，王平. 创业导向研究综述 [J]. 科技进步与对策，2010（8）.

[64] 孙晨. 创业者先前经验、创业学习与新创企业绩效——基于安徽省合肥市的实证研究 [D]. 安徽财经大学硕士学位论文，2013.

[65] 孙传竹，掌卫卫. 区域创业环境研究十年综述——基于中国知网期刊全文数据库1999~2009搜索 [J]. 科技创业月刊，2009（11）：50.

[66] 孙俊华，陈传明. 社会资本与公司绩效关系研究——基于中国制造业上市公司的实证研究 [J]. 南开管理评论，2009（2）.

[67] 唐靖，张帏，高建. 不同创业环境下的机会认知和创业决策研究 [J]. 科学学研究，2007（2）：328-333.

[68] 万妮娜. 基于创业经验视角下的创业过程研究 [D]. 吉林大学硕士学位论文，2009.

[69] 王飞绒. 创业特征演变的调查研究——以浙江省为例 [J]. 中国科技坛, 2010（2）：120-125.

[70] 王建中. 创业环境及资源整合能力对新创企业绩效影响关系研究 [D]. 昆明理工大学博士学位论文, 2010.

[71] 王林雪, 刘喜梅. 社会资本转化为企业成长绩效的过程机理研究 [J]. 西安电子科技大学学报, 2011（1）.

[72] 王前锋, 于蕾. 企业家社会资本对企业绩效的影响——以江苏省上市公司为例 [J]. 企业经济, 2010（5）.

[73] 王巧然, 陶小龙. 创业者先前经验对创业绩效的影响——基于有中介的调节模型 [J]. 技术经济, 2016（6）：24-34.

[74] 王瑞, 薛红志. 创业经验与新企业绩效：一个研究综述 [J]. 科学学与科学技术管理, 2010（6）：80-84, 99.

[75] 吴绍玉, 王栋, 汪波, 李晓燕. 创业社会网络对再创业绩效的作用路径研究 [J]. 科学学研究, 2016（11）：1680-1688.

[76] 吴绍玉, 王栋等. 创业社会网络对再创业绩效的作用路径研究 [J]. 科学学研究, 2016（11）.

[77] 肖建忠, 付宏. 转型经济条件下的创业精神 [J]. 经济理论与经济管理, 2005（11）.

[78] 邢芸. 父辈创业对子代创业机会有影响吗？[J]. 教育经济评论, 2016（4）：90-99.

[79] 徐婧. 企业家社会资本对企业绩效影响的研究综述 [J]. 企业家天地（理论版）, 2011（1）.

[80] 徐小洲, 叶映华. 大学生创业认知影响因素与调整策略 [J]. 教育研究, 2010（6）：83-88.

[81] 杨晔. 长三角创业环境 GEM 分析及政策建议 [J]. 上海经济研究, 2007（7）：50-57.

[82] 杨隽萍, 陈洋. 社会资本对科技型创业企业成长性的影响分析 [J]. 内蒙古民族大学学报, 2006（1）.

[83] 杨俊，张玉利，刘依冉. 创业认知研究综述与开展中国情境化研究的建议 [J]. 管理世界，2015（9）：158-169.

[84] 杨俊，张玉利. 社会资本、创业机会与创业初期绩效理论模型的构建与相关研究命题的提出 [J]. 外国经济与管理，2008（10）.

[85] 杨俊. 创业决策研究进展探析与未来研究展望 [J]. 外国经济与管理，2014（1）：2-11.

[86] 杨其静. 财富，创业者才能与最优融资契约安排 [J]. 经济研究，2003（4）：41-50.

[87] 杨瑞龙，朱春燕. 网络与社会资本的经济学分析框架 [J]. 学习与探索，2002（2）.

[88] 杨轶雯. 基于因子分析法的城市创业环境评价——以中部六省省会城市为例 [J]. 企业经济，2014（11）.

[89] 杨再平. 小贷应与小微经济良性共生 [N]. 人民政协报，2012-10.

[90] 尹志超，宋全云，吴雨，彭嫦燕. 金融知识、创业决策和创业动机 [J]. 管理世界，2015（1）：87-98.

[91] 尤成德，刘衡，张建琦. 关系网络、创业精神与动态能力构建 [J]. 科学学与科学技术管理，2016（7）：135-147.

[92] 余向前，张正堂，张一力. 企业家隐性知识、交接班意愿与家族企业代际传承 [J]. 管理世界，2013（11）：77-88，188.

[93] 张宏. 企业纵向社会资本与竞争优势 [D]. 浙江大学博士学位论文，2007.

[94] 张立柱，褚洪雷，朱辉. 基于多级模糊综合评价的区域创业环境评价方法 [J]. 山东农业大学学报（自然科学版），2008，39（3）：444-448.

[95] 张明林，关小燕. 大学生创业素质结构及其评价体系初探 [J]. 商业时代，2008（16）：62-70.

[96] 张茜. 社会网络与新创企业融资方式和创业能力的关系研究 [J]. 经营与管理，2017（2）：113-116.

[97] 张维迎. 产权安排与企业内部的权力斗争 [J]. 经济研究，2000（6）：

41-50.

[98] 张文江, 陈传明. 企业社会资本与社会资本的贯通性研究 [J]. 科学学与科学技术管理, 2009 (2): 186-190.

[99] 张秀娥, 周荣鑫, 王晔. 文化价值观、创业认知与创业决策的关系 [J]. 经济问题探索, 2012 (10): 74-80.

[100] 张玉利, 陈立新. 中小企业创业的核心要素与创业环境分析 [J]. 经济界, 2004 (3): 29-34.

[101] 张玉利, 王晓文. 先前经验、学习风格与创业能力的实证研究 [J]. 管理科学, 2011 (3): 1-12.

[102] 张玉利, 杨俊, 戴燕丽. 中国情境下的创业研究现状探析与未来研究建议 [J]. 外国经济与管理, 2012 (1): 1-9, 56.

[103] 张玉利, 杨俊, 任兵. 社会资本、先前经验与创业机会——一个交互效应模型及其启示 [J]. 管理世界, 2008 (7): 91-102.

[104] 张玉利, 杨俊. 创业者创业行为调查 [J]. 经济理论与经济管理, 2003 (9): 61-66.

[105] 张玉利. 创业研究经典文献述评 [M]. 天津: 南开大学出版社, 2010.

[106] 张占仓. 中国经济新常态与可持续发展新趋势 [J]. 河南学报, 2015 (1): 91-98.

[107] 赵云鹤. 河北省创业环境评价研究 [D]. 河北科技大学硕士学位论文, 2012.

[108] 郑京平. 中国经济的新常态及应对建议 [J]. 中国发展观察, 2014 (11): 42-44.

[109] 周丽. GEM 框架下珠三角欠发达城市创业环境研究——以广东省肇庆市为例 [J]. 特区经济, 2006 (11): 67-69, 160-164.

[110] 周喜君, 郭丕斌. 山西省创业环境评价——基于改进的层次分析法 [J]. 技术经济, 2012 (2): 108-112.

[111] 周小虎. 社会资本及其对企业绩效的作用 [J]. 安徽师范大学学报, 2002, 3 (1): 1-6.

[112] 周晓丹. 社会资本对初次创业决策可行性感知的影响研究 [D]. 浙江财经学院硕士学位论文, 2010.

[113] 周永华, 安剑. 我国各省 (市、区) 创业环境评价分析 [J]. 科技管理研究, 2013 (15): 226-230.

[114] 朱涵. 基于CEM的区域创业环境优化研究 [D]. 中国矿业大学博士学位论文, 2013.

[115] 朱红根, 康兰媛. 农民创业代际传递的理论与实证分析——来自江西35县/市1716份样本证据 [J]. 财贸研究, 2014 (4): 48-56.

[116] A. Yusuf. Environmental Uncertainty, the Entrepreneurial Orientation of Business Ventures and Performance [J]. International Journal of Commerce and Management, 2002, 12 (3/4): 83-110.

[117] Adaman F., Devine P. A Reconsideration of the Theory of Entrepreneurship: A Participatory Approach [J]. Review of Political Economy, 2002, 14 (3): 329-355.

[118] Ajzen I. The Theory of Planned Behavior [J]. Organizational Behavior and Human Decision Processes, 1991 (50): 179-211.

[119] Aldrich H. & Zimmer C. Entrepreneurship through Social Networks [M]. In.L. Sexton & S.Raymond (Eds), The Art and Science of Entrepreneurship [M]. Cambridge, MA: Ballinger, 1985: 3-47.

[120] Anderson A. R., Jack S. L. and Dodd S. D. The Role of Family Members in Entrepreneurial Networks: Beyond the Boundaries of the Family Firm [J]. Family Business Review, 2005, 18 (2): 135-154.

[121] Andersson L. and M. Hammarstedt. Intergenerational Transmissions in Immigrant Self-employment: Evidence from Three Generations [J]. Small Business Economics, 2010 (34): 261-276.

[122] Antoneic B. & Hisrich R.D. Entrepreneurship: Construct Refinement and Cross-cultural Validation [J]. Journal of Business Venturing, 2001, 16 (5): 495-527.

[123] Antoneic B., Hisrieh R. D. Privatization, Corporate Entrepreneurship, and Performance, Testing a Normative Model [J]. Journal of Developmental Entrepreneurship, 2003 (10) 1: 7-24.

[124] Arregle J. L., Hitt M. A. and Sirmon D. G. et al. The Development of Organizational Social Capital: Attributes of Family Firms [J]. Journal of Management Studies, 2007, 44 (1): 73-95.

[125] Bandura A. Self-efficacy: Toward a Unifying Theory of Behavioral Change [J]. Psychological Review, 1977, 84 (2): 191-215.

[126] Birley P. Westhead. A Taxonomy of Business Start-up Reasons and Their Impact on Firm Growth and Size [J]. Journal of Business Venturing, 1994, 9 (1): 7-31.

[127] Blanchflower D. G. and A. J. Oswald. What Makes an Entrepreneur? [J]. Journal of Labor Economics, 1998 (1): 26-60.

[128] Bloodgood J. M., Sapienza H. J., Carsrud A. L. The Dynamics of New Business Start-ups: Person, Context, and Process [J]. Advances in Entrepreneurship, Firm Emergence, and Growth, 1995 (2): 123-144.

[129] Blumberg B. F. and G. A. Pfann. Roads Leading to Self-employment: Comparing Transgenerational Entrepreneurs and Self-made Start-ups [J]. Entrepreneurship Theory and Practice, 2016, 40 (2): 335-357.

[130] Brian Uzzi. Embeddedness in the Making of Financial Capital: How Social Relations and Networks Benefit Firms Seeking Financing [J]. American Sociological Review, 1999 (64): 481-505.

[131] Bryant P. Self-regulation and Decision Heuristics in Entrepreneurial Opportunity Evaluation And Exploitation [J]. Journal of Management Decision, 2007, 45 (4): 732-748.

[132] Carter, Gartne, Reyonolds. Exploring Start-up Event Sequenee [J]. Journal of Bussiness Venturing, 1996 (11).

[133] Chell, Pittaway. A Study of Enirepreneurship in The Restaurant and Cafa

Industry: Wx Ploratory Work Using The Critieallneident Technique As Amethodology [J]. Hos Pitality Management, 1985 (17): 23-32.

[134] Chrisman J. J., Bauersehmidt A. & Hofer C.W. The Determinants of New Venture Performance: An Extended Model [J]. Entrepreneurship: Theory and Practice, 1998, 23 (1): 5-29.

[135] Coleman J. Foundations of Social Theory [M]. Cambridge: Cambridge University Press, 1990: 306-310.

[136] Coleman J. Social CaPital in the Creation of Human Capital [J]. American Journal of Sociology, 1988 (94): 95-120.

[137] Cooper A.C. Gimeno-Gascon F. J., Woo C.Y. Initial Human and Financial Capital Predictors of New Venture Performance [J]. Journal of Business Venturing, 1994 (9): 371-395.

[138] Covin J. G. & Slevin D. Strategy Management of Small Firms in Hostile and Benign Environments [J]. Strategy Management Journal, 1989, 10 (1): 75-87.

[139] Covin J. G. & Slevin D. P. New Venture Strategic Posture, Structure and Performance: An Industry Life Cycle Analysis [J]. Journal of Business Venturing, 1990 (2): 123-135.

[140] D.A. Smith, F.T. Lohrke. Entrepreneurial Network Development: Trusting in the Process [J]. Journal of Business Research, 2008, 61 (4): 315-322.

[141] De Wit G. Models of Self-employment in a Competitive Market [J]. Journal of Economic Surveys, 1993 (7): 367-397.

[142] De Wit G. and F. A. A. M. Van Winden. An Empirical Analysis of Self Employment in the Netherlands [J]. Small Business Economics, 1989 (1): 263-272.

[143] Desai, Gompers.Institutions, Capital Constrains and Entrepreneurial Firm Dynamics: Evidenee from EuroPe [J]. NBER Working Paper, 2003.

[144] Doun T. A., Holtz-Fakin D. Financial Capital, Human Capital and the Transition to Self-employment: Evidence from Intergener-ational links [J]. Journal of Labor Economics, 2000, 18 (2): 282-305.

[145] Dyer J.H. &singh H. The Relational View: Cooperative Strategy and sources of Inter-organizational Competitive Advantage [J]. Academy of Management Review, 1998, 23 (4): 660-679.

[146] Fairlie R. W. The Absence of the African-American Owned Businesses: an Analysis of the Dynamics of Self-employment [J]. Journal of Labor Economics, 1999, 17 (1): 80-98.

[147] Fellnhofer K. K. Puumalainen and H. Sjögrén. Entrepreneurial Orientation and Performance are Sexes Equal? [J]. International Journal of Entrepreneurial Behavior & Research, 2016, 22 (3): 346-374.

[148] Fukuyama F. Trust: The Social Virtues and the Creation of Prosperity [M]. New York: Free Press, 1995.

[149] G.B. Murphy J.W. Trailer, R.C. Hill. Measuring Performance in Entrepreneurship Research [J]. Journal of Business Research, 1996, 36 (1): 15-23.

[150] G.N. Chandler, S.H. Hanks. Founder Competence, the Environment and Venture Performance [J]. Entrepreneurship: Theory and Practice, 1994, 18 (3).

[151] Gabbay S.M. & Zuckerman E.W. Social Capital and Opportunity in Corporate R&D: The Contingent Effect of Contact Density on Mobility Expectations [J]. Social Science Research, 1998, 27 (2): 189-217.

[152] Gartner W. B. A Conceptual Framework for Describing the Phenomenon of New Venture Creation [J]. Academy of Management Review, 1985, 10 (4): 696-706.

[153] Gist M. E., Mitchell, T. R. Self-efficacy: A Theoretical Analysis of Its Determinants and Malleability [J]. Academy of Management Review, 1992, 17 (2): 183-211.

[154] Glukhanyuk N. S., Glukhanyuk A. A. Research of Entrepreneurship Potential and Development of Business' Behavior on A labor Market [J]. Quality Management in Higher Education, 2010 (1): 575-578.

[155] Gnyawali D. R., Dan F. Environment for Entrepreneurship Development,

Key Dimensions and Research Implications [J]. Entrepreneurship Theory & Practice, 1994 (18): 43-62.

[156] Gnyawali D. R., Fogel D. S. Environments for Entrepreneurship Development: Key Dimensions and Research Implications [J]. Entrepreneurship Theory and Practice, 1994 (18): 43.

[157] Granovetter Mark. The Sociology of Economic Life [M]. England: West View Press, 1992.

[158] Greve A., Salaff J. W. Social Networks and Entrepreneur-ship [J]. Entrepreneurship Theory and Practice, 2003, 28 (1): 1-22.

[159] Grundsten H. Entrepreneurial Intentions and the Entrepreneurial Environment [D]. Helsinki University of Technology, 2004: 1-162.

[160] Gu W. D. & Ginsberg A. Guest Editors, Introduction: Corporate Entrepreneurship. Strategics Management Journal [J]. 1990 (11): 5-15.

[161] Hans Westlund, Roger Bolton. Local Social Capital and Entrepreneurship [J]. Small Business Economics. Dordrecht, 2003 (21): 97-113.

[162] Hayton J. C. Competing in the New Economy: the Effect of Intellectual Capital on Corporate Entrepreneurship in High-Technology New Venture [J]. R&D Management, 2005, 35 (2): 137-155.

[163] Holcombe R. G., Entrepreneurship and Economic Growth [J]. The Quarterly Journal of Austrian Economics, 1998, 88 (2): 45-62.

[164] Hout M., Rosen H. S. Self-employment, Family Background, and Race [J]. Journal of Human Resources, 2000, 35 (4): 670-691.

[165] Hundley G. Family Background and the Propensity for Self-employment [J]. Industrial Relations, 2006, 45 (3): 377-392.

[166] Karra N., Tracey P. and Phillips N. Altruism and Agency in the Family Firm: Exploring the Role of Family Kinship, and Ethnicity [J]. Entrepreneurship Theory and Practice, 2006, 30 (6): 861-877.

[167] Knight Gary. Cross-Cultural Reliability and Validity of a Scale to Measure

Firm Entrepreneurial Orientation [J]. Journal of Business Venturing, 1997, 12 (3): 213-226.

[168] Laferrère A. Self-employment and Intergenerational Transfers: Liquidity Constr-aints and Family Environment [J]. International Journal of Sociology, 2001, 31 (1): 3-26.

[169] Le Anh T. Empirical Studies of Self-employment [J]. Journal of Economic Surveys, 1999, 13 (4): 381-416.

[170] Li Y., Wei Z., Liu Y. Strategic Orientations, Knowledge Acquisition, and Firm Performance: The Perspective of the Vendor in Cross-border Outsourcing [J]. Journal of Management Studies, 2010, 47 (8): 1457-1482.

[171] Lindquist M. J., J. Sol and M. Van Praag Why Do Entrepreneurial Parents Have Entrepreneurial Children? [J]. Journal of Labor Economics, 2015, 33 (2): 269-296.

[172] LumPkin G. T. & Dess G.G. Clarifying the Entrepreneurial Construct and Linking in to Performanee [J]. Academy of Management Review, 1996 (21): 135-172.

[173] Lundstrom A., Stevenson L. A. Entrepreneurship Policy: Theory and Practice [M]. Springer Science & Business Media, 2006.

[174] Macmillan I. C.To Really Learn about Entrepreneurship, Let's Study Habitual Entrepreneurs [Z]. Wharton School of the University of Pennsylvania, Snider Entrepreneurial Center, 1986.

[175] Mandelman F. S., Montes-Rojas G. V. Is Self-employment and Micro-entrepreneurship a Desired Outcome? [J]. World Development, 2009, 37 (12): 1914-1925.

[176] Morris M. H., Kuratko D. E. & Covin, J. G. Corporate Entrepreneurship & Innovation [M]. Mason, OH: Thomson South-Western, 2010.

[177] Nahapiet Ghoshal S. Social Capital, Intellectual Capital and the Organizational Advantage [J]. Academy of Management Review, 1998 (23): 242-266.

[178] Naman J. L. & Slevin D.P. Entrepreneurship and the Concept of Fit: A Model and Empirical Tests [J]. Strategic Management Journal, 1993 (14): 137-153.

[179] Norris F., Krueger J. R., Michael D., Reilly Alan L. Carsrud: Competing Models of Entrepreneurial Intentions [J]. Journal of Business Venturing, 2000, 15 (5): 411-432.

[180] Ostgaard T. A., Birley S. Personal Networks and Firm Competitive Strategy: A Strategic or Coincidental Match [J]. Journal of Business Venturing, 1994, 9 (4): 281-305.

[181] Pasquier-Doumer L. Intergenerational Transmission of Self-employed Status in the Informal Sector: A Constrained Choice or Better Income Prospects? Evidence from Seven West African Countries [J]. Journal of African Economies, 2012, 22 (1): 73-111.

[182] Reuber R. A., Dyke L. S., Fischer E. M.Experiential Acquired Knowledge and Entrepreneurial Venture Success [J]. Academy of Management Best Paper Proceedings, 1990 (3): 69-73.

[183] Shane S. & Venkataraman S. The Promise of Entrepreneurship as a Field of Research [J]. The Academy of Management Review, 2002, 25 (1): 217-226.

[184] Shane S. A General Theory of Entrepreneurship [M]. Edward North Ampton, 2003.

[185] Shane Scott, Venkataraman S. The Promise of Entrepreneurship as a Field of Research [J]. Academy of Management Review, 2000, 25 (1): 217-226.

[186] Shepherd Mcmullen. Entrepreneurial Action and the Role of Uncertainty in the Theory of the Entrepreneur [J]. Journal of Business Venturing, 2006, 31 (1).

[187] Simon M., Houghton S. M. The Relationship Among Biases, Misperceptions, and the Introduction of Pioneering Products: Examining Differences in Venture Decision Contexts [J]. Entrepreneurship Theory and Practice, 2002 (winter): 105-123.

[188] Specht. Munificene and Carring Capacityof The Environments and Orga-

nizational Formation [J]. Entre Preneurship Theory and Practiee, 1993, 17 (2): 77-86.

[189] Stam W. & Elfring T. Entrepreneurial Orientation and New Venture Performance: The Moderating role of Intra and Extra Industry Social Capital [J]. Academy of Management Journal, 2008, 51 (1): 97-111.

[190] Stormer F., Kline T., Goldenberg S. Measuring Entrepreneurship with the General Enterprising Tendency Test: Criterion-related Validity and Reliability [J]. Human Systems Management, 1999, 18 (1): 47- 52.

[191] T. Hellmann, M. Puri. Venture Capital and the Professionalization of Start-up Firms: Empirical Evidences [J]. Journal of Finance, 2002 (1): 169-197.

[192] Talanlicar T., Grundei J. & Werder, A. Strategic Decision Making in Start-ups: The EfFect of Top Management Team Organization and Processes on Speed and Comprehensiveness [J]. Journal of Business Venturing, 2005 (20): 519-541.

[193] Teece D. J. Dynamic Capabilities: Routines Versus Entrepreneurial Action [J]. Journal of Management Stu-dies, 2012, 49 (8): 1395-1401.

[194] Tsai W. & Ghoshal S. Social Capital and Value Creation: The Role of Intrafirm Networks [J]. Academy of Management Journal, 1998 (41): 464-478.

[195] Wales W. J., Parida V., Patel P. C. Too Much of a Good Thing? Absorptive Capacity, Firm Performance, and the Moderating Role of Entrepreneurial orientation [J]. Strategic Management Journal, 2013, 34 (5): 622-633.

[196] Watson J. Modeling the Relationship between Networking and Firm Performance [J]. Journal of Business Venturing, 2007, 22 (6): 852-874.

[197] Zahra S. A., Sapienza H. J., Davidsson P.Entrepreneur-ship and Dynamic Capabilities: A Review, Model and Research Agenda [J]. Journal of Management Studies, 2006, 43 (4): 917-955.

[198] Zahra S.A. Governance, Ownership and Corporate Entrepreneurship: The Moderating Impact of Industry Technological Opportunities [J]. Academy of Manage-

ment Journal, 1996, 39 (6): 1713-1735.

[199] Zahra S. A. Environment, Corporate Entrepreneurship and Financial Performance: A Taxonomic Approach [J]. Journal of Business Venturing, 1993, 8 (4): 319-340.